Quandt'sche Gebührentabellen

für

Rechtsanwälte und Notare
Gerichtsvollzieher und Rechtsbeistände
Ordentliche Gerichte und Arbeitsgerichte
Gerichte der Verwaltungs-, Sozial- und Finanzgerichtsbarkeit
Freiw. Gerichtsbarkeit und Strafsachen

begründet von
GOTTFRIED QUANDT

27., überarbeitete Auflage

von

GÜNTHER KEUNE
Rechtspfleger

1981

Walter de Gruyter · Berlin · New York

CIP-Kurztitelaufnahme der Deutschen Bibliothek

Keune, Günther
Quandt'sche Gebührentabellen: für Rechtsanwälte u. Notare, Gerichtsvollzieher u. Rechtsbeistände, Ordentl. Gerichte u. Arbeitsgerichte, Gerichte d. Verwaltungs-, Sozial- u. Finanzgerichtsbarkeit, Freiw. Gerichtsbarkeit u. Strafsachen / von Günther Keune. Begr. von Gottfried Quandt. – 27., überarb. Aufl. – Berlin, New York : de Gruyter, 1981
26. Aufl. u. d. T. : Wolter, Franz: Quandt'sche Gebührentabellen.
ISBN 3-11-008505-4

NE: Quandt, Gottfried [Begr.]

Printed in Germany
Satz und Druck: Sala-Druck, 1000 Berlin 36
Buchbinder: Wübben & Co, 1000 Berlin 42

Vorwort zur 27. Auflage, Übergangsregelung

Die 27. Auflage wurde notwendig durch die Erhöhung der Rechtsanwaltsgebühren (Fünftes Gesetz zur Änderung der Bundesgebührenordnung für Rechtsanwälte v. 18. 8. 1980, BGBl. I S. 1503) und durch die Ablösung des Armenrechts durch das Gesetz über die Prozeßkostenhilfe (v. 13. 6. 1980, BGBl. I S. 677) ab 1. Januar 1981.

Bei dieser Gelegenheit wurde die Tabelle überarbeitet und auch in anderen Bereichen, soweit erforderlich, auf den neuesten Stand gebracht.

Für die Rechtsanwaltsgebühren ist folgende Übergangsregelung zu beachten:

„§ 134 BRAGebO.

(1) In gerichtlichen Verfahren sind in einem Rechtszug, der vor dem 1. Januar 1981 begonnen hat, die Gebühren und Auslagen nach neuem Recht zu berechnen, soweit der Rechtszug nicht vor dem 1. Januar 1981 beendigt war; dabei gilt der Rechtszug auch als beendigt, wenn eine Entscheidung, welche die gerichtliche Instanz abschließt, verkündet oder, falls eine Verkündung nicht stattgefunden hat, zugestellt oder sonst erlassen worden ist. Ruht das Verfahren zu Beginn des 1. Januar 1981 oder ist es in diesem Zeitpunkt ausgesetzt oder unterbrochen, so sind die Gebühren und Auslagen nach dem bisherigen Recht zu berechnen, es sei denn, daß das Verfahren nach diesem Zeitpunkt aufgenommen wird.

(2) Im übrigen sind die Gebühren und Auslagen in Angelegenheiten, die vor dem 1. Januar 1981 begonnen haben, nach neuem Recht zu berechnen, soweit die Angelegenheit nicht vor dem 1. Januar 1981 beendigt war."

Die Tabelle für Rechtsbeistände ist weggefallen, da nach Art. 2 Abs. 1 des Fünften Gesetzes zur Änderung der Gebührenordnung für Rechtsanwälte diese Gebührenordnung nunmehr auch sinngemäß für Personen gilt, denen die Erlaubnis zur geschäftsmäßigen Besorgung fremder Rechtsangelegenheiten erteilt worden ist.

Friedrichsdorf, im Oktober 1980 — Der Bearbeiter

Inhaltsverzeichnis

Einige wichtige Bestimmungen

Gebühren der Arbeitsgerichte

Rechtsanwaltsgebühren

nach § 11 der Bundesgebührenordnung für Rechtsanwälte
i. d. Fass. des Ges. vom 18. 8. 1980 – BGBl. I S. 1503 –

Gültig ab 1. Januar 1981

Wert bis einschl.	Erste Instanz			Berufungs- u. Revisionsinstanz			
	$^{10}/_{10}$	$^{5}/_{10}$	$^{3}/_{10}$	$^{13}/_{10}$	$^{1}/_{2}$ von $^{13}/_{10}$	$^{3}/_{10}$ von $^{13}/_{10}$	$^{7,5}/_{10}$
DM	DM	DM	DM	DM	DM	DM	DM
200	30	15	12,—	39,—	19,50	12,—	22,50
300	40	20	13,40	50,70	25,40	15,30	30,—
500	50	25	15,—	65,—	32,50	19,50	37,50
700	60	30	18,—	78,—	39,—	23,40	45,—
900	70	35	21,—	91,—	45,50	27,30	52,50
1200	85	42,50	25,50	110,50	55,30	33,20	63,80
1600	103	51,50	30,90	133,90	67,—	40,20	77,30
2000	121	60,50	36,30	157,30	78,70	47,20	90,80
2400	139	69,50	41,70	180,70	90,40	54,30	104,30
2800	157	78,50	47,10	204,10	102,10	61,30	117,80
3200	175	87,50	52,50	227,50	113,80	68,30	131,30
3600	193	96,50	57,90	250,90	125,50	75,30	144,80
4000	211	105,50	63,30	274,30	137,20	82,30	158,30
4400	229	114,50	68,70	297,70	148,90	89,40	171,80
4800	247	123,50	74,10	321,10	160,60	96,40	185,30
5200	265	132,50	79,50	344,50	172,30	103,40	198,80
5600	283	141,50	84,50	367,90	184,—	110,40	212,30
6400	321	160,50	96,30	417,30	208,70	125,20	240,80
7200	358	179,—	107,40	465,40	232,70	139,70	268,50
8000	395	197,50	118,50	513,50	256,80	154,10	296,30
9000	442	221,—	132,60	574,60	287,30	172,40	331,50
10000	489	244,50	146,70	635,70	317,90	190,80	366,80
12000	552	276,—	165,60	717,60	358,80	215,30	414,—
14000	615	307,50	184,50	799,50	399,80	239,90	461,30
16000	677	338,50	203,10	880,10	440,10	264,10	507,80

Rechtsanwaltsgebühren

Wert bis einschl.	Erste Instanz			Berufungs- u. Revisionsinstanz			
	10/10	5/10	3/10	13/10	1/2 von 13/10	3/10 von 13/10	7,5/10
DM	DM	DM	DM	DM	DM	DM	DM
18000	739	369,50	221,70	960,70	480,40	288,30	554,30
20000	800	400,—	240,—	1040,—	520,—	312,—	600,—
25000	880	440,—	264,—	1144,—	572,—	343,20	660,—
30000	960	480,—	288,—	1248,—	624,—	374,40	720,—
35000	1040	520,—	312,—	1352,—	676,—	405,60	780,—
40000	1120	560,—	336,—	1456,—	728,—	436,80	840,—
45000	1200	600,—	360,—	1560,—	780,—	468,—	900,—
50000	1235	617,50	370,50	1605,50	802,80	481,70	926,30
55000	1270	635,—	381,—	1651,—	825,50	495,30	952,50
60000	1305	652,50	391,50	1696,50	848,30	509,—	978,80
65000	1340	670,—	402,—	1742,—	871,—	522,60	1005,—
70000	1375	687,50	412,50	1787,50	893,80	536,30	1031,30
75000	1410	705,—	423,—	1833,—	916,50	549,90	1057,50
80000	1445	722,50	433,50	1878,50	939,30	563,60	1083,80
85000	1480	740,—	444,—	1924,—	962,—	577,20	1110,—
90000	1515	757,50	454,50	1969,50	984,80	590,90	1136,30
95000	1550	775,—	465,—	2015,—	1007,50	604,50	1162,50
100000	1585	792,50	475,50	2060,50	1030,30	618,20	1188,80
110000	1605	802,50	481,50	2086,50	1043,30	626,—	1203,80
120000	1625	812,50	487,50	2112,50	1056,30	633,80	1218,80
130000	1640	820,—	492,—	2132,—	1066,—	639,60	1230,—
140000	1710	855,—	513,—	2223,—	1111,50	666,90	1282,50
150000	1780	890,—	534,—	2314,—	1157,—	694,20	1335,—
160000	1850	925,—	555,—	2405,—	1202,50	721,50	1387,50
170000	1920	960,—	576,—	2496,—	1248,—	748,80	1440,—
180000	1990	995,—	597,—	2587,—	1293,50	776,10	1492,50
190000	2060	1030,—	618,—	2678,—	1339,—	803,40	1545,—
200000	2130	1065,—	639,—	2769,—	1384,50	830,70	1597,50
220000	2250	1125,—	675,—	2925,—	1462,50	877,50	1687,50
240000	2370	1185,—	711,—	3081,—	1540,50	924,30	1777,50
260000	2490	1245,—	747,—	3237,—	1618,50	971,10	1867,50
280000	2610	1305,—	783,—	3393,—	1696,50	1017,90	1957,50
300000	2730	1365,—	819,—	3549,—	1774,50	1064,70	2047,50
320000	2850	1425,—	855,—	3705,—	1852,50	1111,50	2137,50
340000	2970	1485,—	891,—	3861,—	1930,50	1158,30	2227,50

Rechtsanwaltsgebühren

Wert bis einschl.	Erste Instanz			Berufungs- u. Revisionsinstanz			
	10/10	5/10	3/10	13/10	1/2 von 13/10	3/10 von 13/10	7,5/10
DM	DM	DM	DM	DM	DM	DM	DM
360000	3090	1545,—	927,—	4017,—	2008,50	1205,10	2317,50
380000	3210	1605,—	963,—	4173,—	2086,50	1251,90	2407,50
400000	3330	1665,—	999,—	4329,—	2164,50	1298,70	2497,50
430000	3450	1725,—	1035,—	4485,—	2242,50	1345,50	2587,50
460000	3570	1785,—	1071,—	4641,—	2320,50	1392,30	2677,50
490000	3690	1845,—	1107,—	4797,—	2398,50	1439,10	2767,50
520000	3810	1905,—	1143,—	4953,—	2476,50	1485,90	2857,50
550000	3930	1965,—	1179,—	5109,—	2554,50	1532,70	2947,50
580000	4050	2025,—	1215,—	5265,—	2632,50	1579,50	3037,50
610000	4170	2085,—	1251,—	5421,—	2710,50	1626,30	3127,50
640000	4290	2145,—	1287,—	5577,—	2788,50	1673,10	3217,50
670000	4410	2205,—	1323,—	5733,—	2866,50	1719,90	3307,50
700000	4530	2265,—	1359,—	5889,—	2944,50	1766,70	3397,50
730000	4650	2325,—	1395,—	6045,—	3022,50	1813,50	3487,50
760000	4770	2385,—	1431,—	6201,—	3100,50	1860,30	3577,50
790000	4890	2445,—	1467,—	6357,—	3178,50	1907,10	3667,50
820000	5010	2505,—	1503,—	6513,—	3256,50	1953,90	3757,50
850000	5130	2565,—	1539,—	6669,—	3334,50	2000,70	3847,50
880000	5250	2625,—	1575,—	6825,—	3412,50	2047,50	3937,50
910000	5370	2685,—	1611,—	6981,—	3490,50	2094,30	4027,50
940000	5490	2745,—	1647,—	7137,—	3568,50	2141,10	4117,50
970000	5610	2805,—	1683,—	7293,—	3646,50	2187,90	4207,50
1000000	5730	2865,—	1719,—	7449,—	3724,50	2234,70	4297,50

bei Werten über
1000000 : für je 50000 DM steigend um 150 DM (Gegenstandswerte sind auf volle 50000 DM aufzurunden)

Berechnungsvorschlag:

Wert (aufgerundet auf volle 50000 DM)							
x	0,3 %	0,15 %	0,09 %	0,39 %	0,195 %	0,117 %	0,225 %
	+ 2730	+.1365	+ 819	+ 3549	+ 1774,50	+ 1064,70	+ 2047,50

Beispiel:

2694500 = 2700000	10830	5415	3249	14079	7039,50	4223,70	8122,50

Rechtsanwaltsgebühren bei Prozeßkostenhilfe

Gebühren des Rechtsanwaltes bei Bewilligung der Prozeßkostenhilfe (§§ 114–127 ZPO)

nach § 123 der Bundesgebührenordnung für Rechtsanwälte
i.d.F. des Ges. v. 13. 6. 1980 (BGBl. I S. 677)

Gültig ab 1. Januar 1981

Wert bis einschl.	Erste Instanz			Berufungs- u. Revisionsinstanz			
	10/10	5/10	3/10	13/10	1/2 von 13/10	3/10 von 13/10	7,5/10
DM	DM	DM	DM	DM	DM	DM	DM
200	30	15	12,—	39,—	19,50	12,—	22,50
300	40	20	13,40	50,70	25,40	15,30	30,—
500	50	25	15,—	65,—	32,50	19,50	37,50
700	60	30	18,—	78,—	39,—	23,40	45,—
900	70	35	21,—	91,—	45,50	27,30	52,50
1200	85	42,50	25,50	110,50	55,30	33,20	63,80
1600	103	51,50	30,90	133,90	67,—	40,20	77,30
2000	121	60,50	36,30	157,30	78,70	47,20	90,80
2400	139	69,50	41,70	180,70	90,40	54,30	104,30
2800	157	78,50	47,10	204,10	102,10	61,30	117,80
3200	175	87,50	52,50	227,50	113,80	68,30	131,30
3600	193	96,50	57,90	250,90	125,50	75,30	144,80
4000	211	105,50	63,30	274,30	137,20	82,30	158,30
4400	229	114,50	68,70	297,70	148,90	89,40	171,80
4800	247	123,50	74,10	321,10	160,60	96,40	185,30
5200	265	132,50	79,50	344,50	172,30	103,40	198,80
5600	283	141,50	84,50	367,90	184,—	110,40	212,30
6400	298	149,—	89,40	387,40	193,70	116,30	223,50
7200	324	162,—	97,20	421,20	210,60	126,40	243,—
8000	346	173,—	103,80	449,80	224,90	135,—	159,50
9000	368	184,—	110,40	478,40	239,20	143,60	276,—
10000	390	195,—	117,—	507,—	253,50	152,10	292,50
12000	408	204,—	122,40	530,40	265,20	159,20	306,—
14000	426	213,—	127,80	553,80	276,90	166,20	319,50
16000	444	222,—	133,20	577,20	288,60	173,20	333,—
18000	462	231,—	138,60	600,60	300,30	180,20	346,50
20000	480	240,—	144,—	624,—	312,—	187,20	360,—
25000	491	245,50	147,30	638,30	319,20	191,50	368,30
30000	502	251,—	150,60	652,60	326,30	195,80	376,50
35000	513	256,50	153,90	666,90	333,50	200,10	384,80
40000	524	262,—	157,20	681,20	340,60	204,40	393,—
45000	532	266,—	159,60	691,60	345,80	207,50	399,—
mehr als 45000	540	270,—	162,—	702,—	351,—	210,60	405,—

Rechtsanwaltsgebühren BRAGebO.

A. Vor den ordentlichen Gerichten und in der Zwangsvollstreckung

$^{10}/_{10}$ Prozeßgebühr; Verhandlungsgebühr (streitig); Beweisgebühr; Erörterungsgebühr – § 31/1 Ziff. 1–4

– Erörterungsgebühren und Verhandlungsgebühren, die denselben Gegenstand betreffen und in demselben Rechtszug entstehen, werden aufeinander angerechnet –

Gutachten über die Aussichten einer Berufung oder einer Revision § 21 a; Vergleichsgebühr § 23; Erledigungsgebühr § 24; Vergleichsgebühr bei Aussöhnung von Eheleuten § 36/2; Antrag auf Mahnbescheid § 43/1; Entmündigungsverfahren § 44; Antrag auf Vollstreckbarkeitserklärung eines Schiedsspruchs oder Vergleichs § 46/1 (Gebühren des § 31); Antrag auf Vollstreckbarkeitserklärung von Entscheidungen ausländischer Gerichte § 47, auch wenn durch Beschluß entschieden wird (Gebühren des § 31); Korrespondenzgebühr (§ 52);

$^{5}/_{10}$ Prozeßgebühr bei Erledigung des Auftrags ohne Einreichung eines Schriftsatzes oder Wahrnehmung eines Termins § 32; nicht streitige Verhandlung § 33/1; Anträge zur Prozeß- oder Sachleitung § 33/2; Übertragung der mündlichen Verhandlung an einen anderen RA. § 33/3; Einigung der Parteien bei Anordnungen in Ehesachen § 41/3; Antrag auf Vollstreckungsbescheid § 43/3; Vereinfachtes Verfahren zur Abänderung von Unterhaltstiteln § 43 a; Verfahren über den Regelunterhalt nichtehelicher Kinder § 43 b; Aufgebotsverfahren § 45; Sicherung des Beweises § 48; Antrag auf Bewilligung oder Verlängerung einer Räumungsfrist § 50; Armenrechtsverfahren § 51; Prozeßgebühr nach § 53; Beweisgebühr im Falle des § 54; Beschränkung der Tätigkeit auf Einreichung von Schriftsätzen und Terminswahrnehmung § 56; Vertretung im Verteilungsverfahren § 60; Beschwerde- und Erinnerungsverfahren § 61; Verfahren nach der VO über die Behandlung der Ehewohnung und des Hausrats § 63/3; Vertragshilfeverfahren (§ 64);

$^{3}/_{10}$ Übertragung der mündlichen Verhandlung § 33/3; Widerspruch gegen Mahnbescheid § 43/2; Anträge auf Abänderung einer Entscheidung des beauftragten oder ersuchten Richters, Rpfl. oder Urk. B. § 55; Erledigung vor Einreichung eines Schriftsatzes § 56/2; Zwangsvollstreckungsverfahren § 57; Verfahren nach § 35/1 a und § 36 des Ges. über das gerichtl. Verfahren in Landwirtschaftssachen § 63/4.

B. Vor den Arbeitsgerichten § 62

Die unter A aufgeführten Gebühren gelten sinngemäß.

$^{13}/_{10}$ im zweiten und dritten Rechtszug des Beschlußverfahrens;
$^{5}/_{10}$ gerichtliche Entscheidung über die Bestimmung einer Frist (§ 102/3 AGG)
Ablehnung eines Schiedsrichters (§ 103/3 AGG);
Beweisaufnahme oder Vereidigung (§ 106/2 AGG).

C. In Hausratssachen, Wohnungseigentumssachen, Landwirtschaftssachen § 63.

Die unter A aufgeführten Gebühren gelten sinngemäß.

D. Im Vertragshilfeverfahren, Güteverfahren, Schiedsrichterlichen Verfahren §§ 64, 65, 67

E. In der Zwangsversteigerung und Zwangsverwaltung §§ 68 bis 71

$^{2}/_{10}$ Vertretung eines Bieters § 68/2;
$^{3}/_{10}$ Verfahren bis zur Einleitung des Verteilungsverfahrens § 68/1 Ziff. 1; Verteilungsverfahren § 68/1 Ziff. 3;
Vertretung des Antragstellers im Zwangsverwaltungsverfahren über Anordnung oder Beitritt § 69/1 Ziff. 1;
weitere Vertretung im Zwangsverwaltungsverfahren § 69/1 Ziff. 2 – Mindestbetrag 60 DM –;
$^{4}/_{10}$ Wahrnehmung des Versteigerungstermins § 68/1 Ziff. 2;
$^{5}/_{10}$ Vertretung im Rechtsmittelverfahren in Zwangsversteigerungs- und Zwangsverwaltungsverfahren § 70.

Rechtsanwaltsgebühren BRAGebO.

F. Im Konkursverfahren und im Vergleichsverfahren zur Abwendung des Konkurses §§ 72–81

3/10 im Verfahren über den Antrag auf Konkurseröffnung § 72;
– 5/10 wenn der RA einen Gläubiger vertritt –
Anmeldung einer Konkursforderung § 75;
im Verfahren über den Antrag auf Eröffnung des Vergleichsverfahrens § 79;
– 5/10 wenn der RA einen Gläubiger vertritt –

5/10 Vertretung im Konkursverfahren § 73;
Vertretung im Vergleichsverfahren, wenn die Tätigkeit vor dem Vergleichstermin beendet ist § 80/1;
Außerdem für die Tätigkeit im Konkursverfahren und im Vergleichsverfahren
1. im Beschwerdeverfahren § 71/1 Ziff. 1; § 80/2 Ziff. 1;
2. im Verfahren über Anträge auf Anordnung von Sicherheitsmaßregeln § 76/1 Ziff. 2; § 80/2 Ziff. 2

10/10 für die Tätigkeit im Zwangsvergleichsverfahren § 74;
für die Vertretung im Vergleichsverfahren § 80/1.

Maßgebend bei Schuldnervertretung der Betrag der Aktivmasse, bei Gläubigervertretung der Nennwert der Forderung.

G. Im Verfahren vor dem Gerichtshof der Europäischen Gemeinschaften § 113 a

Die unter A aufgeführten Gebühren gelten sinngemäß.
Die Gebühren richten sich nach § 11 Abs. 1 Satz 2 = 13/10.

H. Im Verfahren vor Gerichten der Verwaltungs- und Finanzgerichtsbarkeit § 114
Die unter A aufgeführten Gebühren gelten sinngemäß.

13/10 in erstinstanzlichen Verfahren vor dem Bundesverwaltungsgericht, dem Bundesfinanzhof und vor dem Oberverwaltungsgericht (Verwaltungsgerichtshof);

10/10 vor dem Finanzgericht;

1/2 im Verfahren über die Beschwerde gegen die Nichtzulassung der Berufung oder von 13/10 der Revision.

I. Im Verfahren vor Gerichten der Sozialgerichtsbarkeit § 116

35– 455 DM vor dem Sozialgericht;
55– 655 DM vor dem Landessozialgericht;
95–1090 DM vor dem Bundessozialgericht.
Keine Vergleichsgebühr, keine Erledigungsgebühr nach §§ 23, 24.

Im Verfahren
1. auf Grund der Beziehungen zwischen Ärzten, Zahnärzten und Krankenkassen (Kassenarztrecht) sowie öffentlich-rechtlicher Versicherungsträger untereinander,
2. aufgrund öffentlich-rechtlicher Streitigkeiten zwischen Arbeitgebern und der Bundesanstalt für Arbeit oder einer Berufsgenossenschaft

werden die Gebühren nach dem Gegenstandswert berechnet.
Die unter A aufgeführten Gebühren gelten sinngemäß.

K. Gebühren in sonstigen Angelegenheiten § 118

5/10–10/10 Geschäftsgebühr § 118/1 Ziff. 1;
Besprechungsgebühr § 118/1 Ziff. 2;
Beweisaufnahmegebühr § 118/1 Ziff. 3.

L. Allgemeine Bestimmungen, Auslagen

Mindestbetrag einer Gebühr = 12 DM § 11/2. – Pfennigbeträge werden auf volle 10 Pfennige aufgerundet § 11/2.
Postgebühren (Porto- und Fernsprechgebühren – auch Ortsgespräche –) sind zu erstatten.

Rechtsanwaltsgebühren BRAGebO.

Der RA kann nach seiner Wahl anstelle der tatsächlich entstandenen Kosten einen Pauschsatz fordern, der fünfzehn vom Hundert der gesetzlichen Gebühren, in derselben Angelegenheit und in gerichtlichen Verfahren in demselben Rechtszug jedoch höchstens 40 DM beträgt (in Strafsachen und Bußgeldsachen 30 DM), §§ 25, 26.

Die Höhe der Schreibauslagen bemißt sich nach dem für die gerichtlichen Schreibauslagen im Gerichtskostengesetz bestimmten Betrag (1 DM je Seite, vgl. im übrigen § 91 GKG a. F.) § 27/2.

Bei Zurückweisung an die Vorinstanz (§§ 538, 565, 566 ZPO) gilt das Verfahren bei dieser für die Gebühren des RA als neue Instanz. Die Prozeßgebühr erhält der RA jedoch nur, wenn die Sache an ein Gericht zurückgewiesen wird, das mit der Sache noch nicht befaßt war § 15.

In den Fällen des § 629 b ZPO bildet das weitere Verfahren vor dem Familiengericht mit dem früheren einen Rechtsweg. § 15/2.

Die gesetzliche Vergütung, die dem RA zusteht (also jetzt in allen Angelegenheiten, nicht nur in bürgerlichen Rechtsstreitigkeiten) wird auf Antrag des RA oder des Zahlungspflichtigen vom UrkB festgesetzt § 19. Der Antrag ist erst nach Eintritt der Fälligkeit der Vergütung zulässig § 19/2.

Gebührenvereinbarungen müssen von der Partei schriftlich bestätigt werden; das Gebührenversprechen darf nicht mit der Vollmacht oder einer sonstigen Urkunde verbunden werden § 3.

Der Mehrwertsteuer unterliegen neben den Gebühren der RA auch die Schreibauslagen, die Reisekosten und Postgebühren, nicht Gelder, die der RA für eine Partei vorlegt, z. B. Gerichtskosten, Gerichtsvollziehergebühren. Der RA kann die Mehrwertsteuer seiner Partei in Rechnung stellen.

Bei Rahmengebühren (§ 12) bestimmt der RA die Gebühr im Einzelfall unter Berücksichtigung aller Umstände (Bedeutung der Angelegenheit, Umfang und Schwierigkeit der anwaltlichen Tätigkeit, Vermögens- und Einkommensverhältnisse des Auftraggebers) nach billigem Ermessen.

Eine Scheidungssache und die Folgesachen (§ 623/1, 4, § 621/1 ZPO) gelten als dieselbe Angelegenheit. § 7/3.

Betrifft die Tätigkeit eine einstweilige Anordnung der in § 620 Satz 1 Nr. 1, 2 oder 3 ZPO bezeichneten Art, so ist von einem Wert von 1000 DM auszugehen. § 8/3.

Bei Scheidungsfolgesachen erhält der RA im Verfahren über die Beschwerde nach § 621 e/1 und § 629 a/2 ZPO sowie über die weitere Beschwerde nach § 621 e/2 und § 629 a/2 ZPO die in § 31 bestimmten Gebühren. Die Gebühren richten sich nach § 11/1 Satz 2, 3, § 61 a.

Der RA, der nach § 625 ZPO dem Antragsgegner in einer Scheidungssache beigeordnet ist, kann von diesem die Vergütung eines zum Prozeßbevollmächtigten bestellten RA verlangen; er kann jedoch keinen Vorschuß fordern. Ist der Antragsgegner mit der Zahlung der Vergütung in Verzug, so kann der RA eine Vergütung gem. §§ 121 ff. verlangen. § 36 a.

Rechtsanwaltsgebühren in Strafsachen (§§ 83 ff.) BRAGebO.

A. Der RA kann im ersten Rechtszug als Wahlverteidiger in der Hauptverhandlung (auch Beistand oder Vertreters eines Privatklägers, eines Nebenklägers) beanspruchen:

		DM	
Ia.	**Im Verfahren 1. Instanz vor**		
	1. Schöffengericht, Strafrichter, Jugendrichter	70– 930	(§ 83/1)
	2. großer Strafkammer, Jugendkammer (soweit nicht die Gebühr sich nach Ziff. 3 bestimmt)	85–1 095	
	3. Oberlandesgericht, Schwurgericht, Jugendkammer (unter den Voraussetzungen des § 83 Abs. 1 Ziff. 1)	120–1 825	
b.	wenn die Verhandlung mehrere Tage dauert, für jeden weiteren Tag		
	zu 1:	70– 465	(§ 83/2)
	zu 2:	85– 545	
	zu 3:	120– 915	
	Wird jedoch mit dem Verfahren von neuem begonnen, so gelten für den ersten Tag der neuen Hauptverhandlung die Sätze zu Ia.		
c.	wenn nur im vorbereitenden Verfahren, im gerichtlich anhängigen Verfahren nur außerhalb der Hauptverhandlung oder in einem Verfahren, in dem eine Hauptverhandlung nicht stattfindet, tätig		
	zu 1:	35– 465	(§ 84/1)
	zu 2:	40– 550	
	zu 3:	60– 910	
IIa.	**Im Berufungsverfahren vor**		
	1. kleiner Strafkammer	70– 930	(§ 85/1)
	2. großer Strafkammer, Jugendkammer	85–1 095	
b.	wenn die Verhandlung mehrere Tage dauert, für jeden weiteren Tag		
	zu 1:	70– 465	(§ 85/2)
	zu 2:	85– 545	
	Wird jedoch mit dem Verfahren von neuem begonnen, so gelten für den ersten Tag der neuen Hauptverhandlung die Sätze zu IIa.		
IIIa.	**Im Revisionsverfahren vor**		
	1. Oberlandesgericht	85–1 095	(§ 86/1)
	2. Bundesgerichtshof	120–1 825	
	3. wenn im ersten Rechtszug der Strafrichter, ausgenommen als Jugendrichter, entschieden hat	70– 930	
b.	wenn die Verhandlung mehrere Tage dauert, für jeden weiteren Tag		
	zu 1:	85– 545	(§ 86/2)
	zu 2:	120– 915	
	zu 3:	70– 465	
	Wird jedoch mit dem Verfahren von neuem begonnen, so gelten für den ersten Tag der neuen Hauptverhandlung die Sätze zu IIIa.		

Übt der RA eine Tätigkeit aus, die sich
a. auf Einziehung oder Verfall, Vernichtung, Unbrauchbarmachung, Abführung oder Beschlagnahme,
b. Fahrverbot, Entziehung der Fahrerlaubnis
erstreckt, so ist § 88 zu beachten.

Raterteilung ohne Vertretung im Verfahren (bei Vertretung anzurechnen).	20– 295	(§ 20 Abs. 1 Satz 2)

Der RA enthält

in den Fällen der §§ 85, 86 die Hälfte der Sätze, wenn er nur außerhalb des Berufungs- oder Revisionsverfahrens tätig war oder eine Hauptverhandlung vor dem Berufungs- oder Revisionsgericht nicht stattfindet (§§ 85/3, 86/3),

für Anfertigung oder Unterzeichnung eines Antrags auf Wiederaufnahme des Verfahrens und für die Vertretung in diesem Verfahren die Sätze des § 84. Der Gebührenrahmen bestimmt sich nach der Ordnung des Gerichts, das im ersten Rechtszug entschieden hat (§ 90),

	DM	
für Einlegung eines Rechtsmittels, Anträge, Gesuche	15–240	(§ 91 Z. 1)
Berufungsbegründung oder Beantwortung	35–455	(§ 91 Z. 2)
Revisionsbegründung oder Beantwortung	50–725	(§ 91 Z. 3)
Gnadengesuch – neben den Gebühren für die Verteidigung – – nicht für Pflichtverteidiger –	25–365	(§ 93)
Im Privatklageverfahren erhält der RA die gleichen Sätze wie bei der Verteidigung, also nach §§ 83–93 (§ 94/1).		
Keine Erhöhung durch Widerklage (§ 94/2).		
Für Mitwirkung bei Abschluß eines Vergleichs	15–180	(§ 94/3)
Für Anfertigung der Privatklage (ohne Vertretung)	35–455	(§ 94/4)
Für Tätigkeit in einem Sühneversuch nach § 380 StPO	15–180	(§ 94/5)
und für Mitwirkung bei einer Einigung in diesem Verfahren weitere	15–180	

Für die Tätigkeit als Beistand oder Vertreter eines Nebenklägers erhält der RA die Sätze der §§ 83–93 (§ 95).

Gebührenvereinbarungen in Strafsachen wie bei bürgerlichen Rechtsstreitigkeiten (§ 3). Herabsetzung einer unangemessen hohen vereinbarten oder Rahmengebühr (§ 3/3).

B. Gebühren des amtlich bestellten Verteidigers:

Der amtlich bestellte Verteidiger (und der dem Privatkläger oder Nebenkläger beigeordnete RA § 102) erhält anstelle der gesetzlichen Gebühren aus der Staatskasse **das Vierfache** der Mindestsätze der Rahmengebühr des Wahlverteidigers (§ 97), jedoch nicht mehr als die Hälfte des Höchstbetrages.

Für die Tätigkeit als Verteidiger vor Eröffnung des Hauptverfahrens erhält der RA die Vergütung unabhängig vom Zeitpunkt seiner Bestellung (§ 97/3).

Der RA erhält Ersatz der Auslagen aus der Staatskasse (§§ 97/2, 126/1 Satz 1, Abs. 2). Die Feststellung nach § 126 Abs. 2 kann auch für andere Auslagen als Reisekosten getroffen werden.

Bei besonders umfangreichen oder schwierigen Strafsachen können erhöhte Pauschalvergütungen bewilligt werden (§ 99).

Die Festsetzung der Gebühren und Auslagen erfolgt auf Antrag durch den UrkB der Geschäftsstelle des Gerichts der 1. Instanz.

Für die entstandenen Gebühren und die entstandenen und voraussichtlich entstehenden Auslagen kann der RA aus der Bundes- oder Landeskasse angemessenen Vorschuß fordern (§§ 97/4, 127).

Der bestellte Verteidiger kann von dem Beschuldigten die Zahlung der Gebühren des Wahlverteidigers verlangen, sobald das Gericht auf Antrag des RA feststellt, daß der Beschuldigte ohne Beeinträchtigung des für ihn und seine Familie notwendigen Unterhalts zur Zahlung in der Lage ist. Vorschuß kann der RA vom Beschuldigten nicht fordern (§ 100).

Wegen der Anrechnung der vom Beschuldigten erhaltenen Zahlungen auf die von der Staatskasse zu zahlenden Gebühren ist § 101 zu beachten.

Rechts-
anwalts-
gebühren
Strafsachen

Rechtsanwaltsgebühren in Bußgeldverfahren, Auslieferungssachen u. a. (§§ 105 ff.).

C. Der RA erhält:

I. Im Bußgeldverfahren nach dem Gesetz über Ordnungswidrigkeiten

	DM	
vom 2. 1. 1975 – BGBl. I S. 80 –		
a. im Verfahren vor der Verwaltungsbehörde	35–465	(§ 105/1)
b. im Verfahren vor dem Amtsgericht die Gebühren des § 83 Abs. 1 Nr. 3 (§ 105/2) – s.A Ia Ziff. 1 –		
Im übrigen gelten die Vorschriften des Abschnitts VI BRAGebO sinngemäß.		

II. In Verfahren nach dem Gesetz über die innerdeutsche Rechts- u. Amtshilfe in Strafsachen für die Beistandsleistung

a. vor der Staatsanwaltschaft	35– 455	(§ 105 a)
b. vor dem OLG oder BGH	60– 910	(§ 105 a)

III. In Auslieferungssachen

(§§ 32, 33, 38/2 des Deutschen Ausl. Gesetzes)	60– 910	(§ 106/1)
a. für die Beistandsleistung	120–1825	(§ 106/2)
b. für die Beistandsleistung in der mündl. Verhandlung erstreckt sich die Verhandlung über einen Kalendertag hinaus, für jeden weiteren Tag	120– 915	(§ 106/2)
c. ist er dem Verfolgten beigeordnet, aus der Staatskasse	480	(§ 107)
für jeden Verhandlungstag	240	
d. wenn keine mündliche Verhandlung stattfindet		

Die Vorschriften der §§ 97 Abs. 2, 4; 98 Abs. 1, 2 und 4 sowie 99 und 101 gelten sinngemäß.

Durch die vorstehend aufgeführten Gebühren wird die gesamte Tätigkeit des RA in Auslieferungssachen – auch die Anfertigung und Unterzeichnung von Anträgen und Erklärungen – abgegolten (§ 108).

IV. Im Disziplinarverfahren

a. im förmlichen Disziplinarverfahren		
im ersten Rechtszug	85–1095	(§ 109/2)
im zweiten Rechtszug	100–1285	
im dritten Rechtszug	120–1825	
wenn die Verhandlung mehrere Tage dauert, für jeden weiteren Tag		
im ersten Rechtszug	85– 545	(§ 109/3)
im zweiten Rechtszug	95– 650	
im dritten Rechtszug	120– 915	
b. im Verfahren vor dem Dienstvorgesetzten einschl. Verfahren der Beschwerde, wenn der RA nicht auch Verteidiger im förmlichen Disziplinarverfahren ist	50– 645	(§ 109/4)
c. im Verfahren auf gerichtliche Entscheidung über die Disziplinarverfügung	35– 465	(§ 109/5)
wenn die Verhandlung oder Beweiserhebung mehrere Tage dauert, für jeden weiteren Tag	35– 465	(§ 109/5)
d. im Verfahren über die Beschwerde gegen die Nichtzulassung der Revision	60– 910	(§ 109/6)

Rechtsanwaltsgebühren in Bußgeldverfahren, Auslieferungssachen u. a. (§§ 105 ff)

	DM	
e. im Verfahren auf Abänderung oder Neubewilligung eines Unterhaltsbeitrages	35– 465	(§ 109/7)
f. im Verfahren vor dem Dienstvorgesetzten und im gerichtlichen Verfahren nachträgliche Aufhebung einer Disziplinarmaßnahme	25– 365	(§ 109/8)
V. **Im Wehrbeschwerdeverfahren** vor den Wehrdienstgerichten im Verfahren auf gerichtliche Entscheidung nach der Wehrbeschwerdeordnung		
a. vor dem Truppendienstgericht	85–1 095	(§ 109a)
b. vor dem Bundesverwaltungsgericht	100–1 285	
VI. **im gerichtlichen Verfahren bei Freiheitsentziehung**		
in jedem Rechtszug 1. für seine Tätigkeit im allgemeinen, 2. für die Mitwirkung bei der mündlichen Anhörung der Person, der die Freiheit entzogen werden soll, und bei der mündlichen Vernehmung von Zeugen oder Sachverständigen,	35– 465	(§ 112/1)
im Verfahren über die Fortdauer der Freiheitsentziehung in jedem Rechtszug 1. für die Tätigkeit im allgemeinen, 2. für die Mitwirkung bei der mündlichen Anhörung der Person, der die Freiheit entzogen werden soll, und bei der mündlichen Vernehmung von Zeugen oder Sachverständigen,	25– 275	(§ 112/2)
bei Beschränkung der Tätigkeit in diesen Verfahren auf Einlegung von Rechtsmitteln, Anfertigung von Anträgen usw.	15– 240	(§ 112/3)

Ist der RA vom Gericht beigeordnet worden, so erhält er das Vierfache der in den Absätzen 1, 2 und 3 bestimmten Mindestgebühren aus der Staatskasse; §§ 97 Abs. 2, 4, 93 bis 101, 103 gelten sinngemäß (§ 112/4).

Gebühren für Gerichte und Notare

Nach der Kostenordnung in der Fassung des Gesetzes vom 20. August 1975 – BGBl. I S. 2189

Gültig ab 15. 9. 1975

Wert bis einschl. DM	$^{10}/_{10}$ DM	$^{20}/_{10}$ DM	$^{5}/_{10}$ DM	$^{1}/_{4}$ DM	Wert bis einschl. DM	$^{10}/_{10}$ DM	$^{20}/_{10}$ DM	$^{5}/_{10}$ DM	$^{1}/_{4}$ DM
500	10	20	10,—	10,—	210000	390	780	195,—	97,50
1000	20	40	10,—	10,—	220000	405	810	202,50	101,30
2000	26	52	13,—	10,—	230000	420	840	210,—	105,—
3000	31	62	15,50	10,—	240000	435	870	217,50	108,80
4000	36	72	18,—	10,—	250000	450	900	225,—	112,50
6000	45	90	22,50	11,30	260000	465	930	232,50	116,30
8000	53	106	26,50	13,30	270000	480	960	240,—	120,—
10000	60	120	30,—	15,—	280000	495	990	247,50	123,80
15000	75	150	37,50	18,80	290000	510	1020	255,—	127,50
20000	90	180	45,—	22,50	300000	525	1050	262,50	131,30
25000	105	210	52,50	26,30	310000	540	1080	270,—	135,—
30000	115	230	57,50	28,80	320000	555	1110	277,50	138,80
35000	125	250	62,50	31,30	330000	570	1140	285,—	142,50
40000	135	270	67,50	33,80	340000	585	1170	292,50	146,30
50000	150	300	75,—	37,50	350000	600	1200	300,—	150,—
60000	165	330	82,50	41,30	360000	615	1230	307,50	153,80
70000	180	360	90,—	45,—	370000	630	1260	315,—	157,50
80000	195	390	97,50	48,80	380000	645	1290	322,50	161,30
90000	210	420	105,—	52,50	390000	660	1320	330,—	165,—
100000	225	450	112,50	56,30	400000	675	1350	337,50	168,80
110000	240	480	120,—	60,—	410000	690	1380	345,—	172,50
120000	255	510	127,50	63,80	420000	705	1410	352,50	176,30
130000	270	540	135,—	67,50	430000	720	1440	360,—	180,—
140000	285	570	142,50	71,30	440000	735	1470	367,50	183,80
150000	300	600	150,—	75,—	450000	750	1500	375,—	187,50
160000	315	630	157,50	78,80	460000	765	1530	382,50	191,30
170000	330	660	165,—	82,50	470000	780	1560	390,—	195,—
180000	345	690	172,50	86,30	480000	795	1590	397,50	198,80
190000	360	720	180,—	90,—	490000	810	1620	405,—	202,50
200000	375	750	187,50	93,80	500000	825	1650	412,50	206,30

Wert bis einschl. DM	10/10 DM	20/10 DM	5/10 DM	1/4 DM	Wert bis einschl. DM	10/10 DM	20/10 DM	5/10 DM	1/4 DM
510000	840	1680	420,—	210,—	860000	1365	2730	682,50	341,30
520000	855	1710	427,50	213,80	870000	1380	2760	690,—	345,—
530000	870	1740	435,—	217,50	880000	1395	2790	697,50	348,80
540000	885	1770	442,50	221,30	890000	1410	2820	705,—	352,50
550000	900	1800	450,—	225,—	900000	1425	2850	712,50	356,30
560000	915	1830	457,50	228,80	910000	1440	2880	720,—	360,—
570000	930	1860	465,—	232,50	920000	1455	2910	727,50	363,80
580000	945	1890	472,50	236,30	930000	1470	2940	735,—	367,50
590000	960	1920	480,—	240,—	940000	1485	2970	742,50	371,30
600000	975	1950	487,50	243,80	950000	1500	3000	750,—	375,—
610000	990	1980	495,—	247,50	960000	1515	3030	757,50	378,80
620000	1005	2010	502,50	251,30	970000	1530	3060	765,—	382,50
630000	1020	2040	510,—	255,—	980000	1545	3090	772,50	386,30
640000	1035	2070	517,50	258,80	990000	1560	3120	780,—	390,—
650000	1050	2100	525,—	262,50	1000000	1575	3150	787,50	393,80
660000	1065	2130	532,50	266,30	1010000	1590	3180	795,—	397,50
670000	1080	2160	540,—	270,—	1020000	1605	3210	802,50	401,30
680000	1095	2190	547,50	273,80	1030000	1620	3240	810,—	405,—
690000	1110	2220	555,—	277,50	1040000	1635	3270	817,50	408,80
700000	1125	2250	562,50	281,25	1050000	1650	3300	825,—	412,50
710000	1140	2280	570,—	285,—	1060000	1665	3330	832,50	416,30
720000	1155	2310	577,50	288,80	1070000	1680	3360	840,—	420,—
730000	1170	2340	585,—	292,50	1080000	1695	3390	847,50	423,80
740000	1185	2370	592,50	296,30	1090000	1710	3420	855,—	427,50
750000	1200	2400	600,—	300,—	1100000	1725	3450	862,50	431,30
760000	1215	2430	607,50	303,80	1110000	1740	3480	870,—	435,—
770000	1230	2460	615,—	307,50	1120000	1755	3510	877,50	438,80
780000	1245	2490	622,50	311,30	1130000	1770	3540	885,—	442,50
790000	1260	2520	630,—	315,—	1140000	1785	3570	892,50	446,30
800000	1275	2550	647,50	318,80	1150000	1800	3600	900,—	450,—
810000	1290	2580	645,—	322,50	1160000	1815	3630	907,50	453,80
820000	1305	2610	652,50	326,30	1170000	1830	3660	915,—	457,50
830000	1320	2640	660,—	330,—	1180000	1845	3690	922,50	461,30
840000	1335	2670	667,50	333,80	1190000	1860	3720	930,—	465,—
850000	1350	2700	675,—	337,50	1200000	1875	3750	937,50	468,80

Gerichts- und Notargebühren KostO

Wert bis einschl. DM	10/10 DM	20/10 DM	5/10 DM	1/4 DM	Wert bis einschl. DM	10/10 DM	20/10 DM	5/10 DM	1/4 DM
1210000	1890	3780	945,—	472,50	1560000	2415	4830	1207,50	603,80
1220000	1905	3810	952,50	476,30	1570000	2430	4860	1215,—	607,50
1230000	1920	3840	960,—	480,—	1580000	2445	4890	1222,50	611,30
1240000	1935	3870	967,50	483,80	1590000	2460	4920	1230,—	615,—
1250000	1950	3900	975,—	487,50	1600000	2475	4950	1237,50	618,80
1260000	1965	3930	982,50	491,30	1610000	2490	4980	1245,—	622,50
1270000	1980	3960	990,—	495,—	1620000	2505	5010	1252,50	626,30
1280000	1995	3990	997,50	498,80	1630000	2520	5040	1260,—	630,—
1290000	2010	4020	1005,—	502,50	1640000	2535	5070	1267,50	633,80
1300000	2025	4050	1012,50	506,30	1650000	2550	5100	1275,—	637,50
1310000	2040	4080	1020,—	510,—	1660000	2565	5130	1282,50	641,30
1320000	2055	4110	1027,50	513,80	1670000	2580	5160	1290,—	645,—
1330000	2070	4140	1035,—	517,50	1680000	2595	5190	1297,50	648,80
1340000	2085	4170	1042,50	521,30	1690000	2610	5220	1305,—	652,50
1350000	2100	4200	1050,—	525,—	1700000	2625	5250	1312,50	656,30
1360000	2115	4230	1057,50	528,80	1710000	2640	5280	1320,—	660,—
1370000	2130	4260	1065,—	532,50	1720000	2655	5310	1327,50	663,80
1380000	2145	4290	1072,50	536,30	1730000	2670	5340	1335,—	667,50
1390000	2160	4320	1080,—	540,—	1740000	2685	5370	1342,50	671,30
1400000	2175	4350	1087,50	543,80	1750000	2700	5400	1350,—	675,—
1410000	2190	4380	1095,—	547,50	1760000	2715	5430	1357,50	678,80
1420000	2205	4410	1102,50	551,30	1770000	2730	5460	1365,—	682,50
1430000	2220	4440	1110,—	555,—	1780000	2745	5490	1372,50	686,30
1440000	2235	4470	1117,50	558,50	1790000	2760	5520	1380,—	690,—
1450000	2250	4500	1125,—	562,50	1800000	2775	5550	1387,50	693,80
1460000	2265	4530	1132,50	566,30	1810000	2790	5580	1395,—	697,50
1470000	2280	4560	1140,—	570,—	1820000	2805	5610	1402,50	701,30
1480000	2295	4590	1147,50	573,80	1830000	2820	5640	1410,—	705,—
1490000	2310	4620	1155,—	577,50	1840000	2835	5670	1417,50	708,80
1500000	2325	4650	1162,50	581,30	1850000	2850	5700	1425,—	712,50
1510000	2340	4680	1170,—	585,—	1860000	2865	5730	1432,50	716,30
1520000	2355	4710	1177,50	588,80	1870000	2880	5760	1440,—	720,—
1530000	2370	4740	1185,—	592,50	1880000	2895	5790	1447,50	723,80
1540000	2385	4770	1192,50	596,30	1890000	2910	5820	1455,—	727,50
1550000	2400	4800	1200,—	600,—	1900000	2925	5850	1462,50	731,30

Wert bis einschl. DM	10/10 DM	20/10 DM	5/10 DM	1/4 DM	Wert bis einschl. DM	10/10 DM	20/10 DM	5/10 DM	1/4 DM
1910000	2940	5880	1470,—	735	2260000	3465	6930	1732,50	866,30
1920000	2955	5910	1477,50	738,80	2270000	3480	6960	1740,—	870,—
1930000	2970	5940	1485,—	742,50	2280000	3495	6990	1747,50	873,80
1940000	2985	5970	1492,50	746,30	2290000	3510	7020	1755,—	877,50
1950000	3000	6000	1500,—	750,—	2300000	3525	7050	1762,50	881,30
1960000	3015	6030	1507,50	753,80	2310000	3540	7080	1770,—	885,—
1970000	3030	6060	1515,—	757,50	2320000	3555	7110	1777,50	888,80
1980000	3045	6090	1522,50	761,30	2330000	3570	7140	1785,—	892,50
1990000	3060	6120	1530,—	765,—	2340000	3585	7170	1792,50	896,30
2000000	3075	6150	1537,50	768,80	2350000	3600	7200	1800,—	900,—
2010000	3090	6180	1545,—	772,50	2360000	3615	7230	1807,50	903,80
2020000	3105	6210	1552,50	776,30	2370000	3630	7260	1815,—	907,50
2030000	3120	6240	1560,—	780,—	2380000	3645	7290	1822,50	911,30
2040000	3135	6270	1567,50	783,80	2390000	3660	7320	1830,—	915,—
2050000	3150	6300	1575,—	787,50	2400000	3675	7350	1837,50	918,80
2060000	3165	6330	1582,50	791,30	2410000	3690	7380	1845,—	922,50
2070000	3180	6360	1590,—	795,—	2420000	3705	7410	1852,50	926,30
2080000	3195	6390	1597,50	798,80	2430000	3720	7440	1860,—	930,—
2090000	3210	6420	1605,—	802,50	2440000	3735	7470	1867,50	933,80
2100000	3225	6450	1612,50	806,30	2450000	3750	7500	1875,—	937,50
2110000	3240	6480	1620,—	810,—	2460000	3765	7530	1882,50	941,30
2120000	3255	6510	1627,50	813,80	2470000	3780	7560	1890,—	945,—
2130000	3270	6540	1635,—	817,50	2480000	3795	7590	1897,50	948,80
2140000	3285	6570	1642,50	821,30	2490000	3810	7620	1905,—	952,50
2150000	3300	6600	1650,—	825,—	2500000	3825	7650	1912,50	956,30
2160000	3315	6630	1657,50	828,80	2510000	3840	7680	1920,—	960,—
2170000	3330	6660	1665,—	832,50	2520000	3855	7710	1927,50	963,80
2180000	3345	6690	1672,50	836,30	2530000	3870	7740	1935,—	967,50
2190000	3360	6720	1680,—	840,—	2540000	3885	7770	1942,50	971,30
2200000	3375	6750	1687,50	843,80	2550000	3900	7800	1950,—	975,—
2210000	3390	6780	1695,—	847,50	2560000	3915	7830	1957,50	978,80
2220000	3405	6810	1702,50	851,30	2570000	3930	7860	1965,—	982,50
2230000	3420	6840	1710,—	855,—	2580000	3945	7890	1972,50	986,30
2240000	3435	6870	1717,50	858,80	2590000	3960	7920	1980,—	990,—
2250000	3450	6900	1725,—	862,50	2600000	3975	7950	1987,50	993,80

Gerichts- und Notargebühren KostO

Wert bis einschl. DM	10/10 DM	20/10 DM	5/10 DM	1/4 DM	Wert bis einschl. DM	10/10 DM	20/10 DM	5/10 DM	1/4 DM
2610000	3990	7980	1995,—	997,50	2960000	4515	9030	2257,50	1128,80
2620000	4005	8010	2002,50	1001,30	2970000	4530	9060	2265,—	1132,50
2630000	4020	8040	2010,—	1005,—	2980000	4545	9090	2272,50	1136,30
2640000	4035	8070	2017,50	1008,80	2990000	4560	9120	2280,—	1140,—
2650000	4050	8100	2025,—	1012,50	3000000	4575	9150	2287,50	1143,80
2660000	4065	8130	2032,50	1016,30	3010000	4590	9180	2295,—	1147,50
2670000	4080	8160	2040,—	1020,—	3020000	4605	9210	2302,50	1151,30
2680000	4095	8190	2047,50	1023,80	3030000	4620	9240	2310,—	1155,—
2690000	4110	8220	2055,—	1027,50	3040000	4635	9270	2317,50	1158,80
2700000	4125	8250	2062,50	1031,30	3050000	4650	9300	2325,—	1162,50
2710000	4140	8280	2070,—	1035,—	3060000	4665	9330	2332,50	1166,30
2720000	4155	8310	2077,50	1038,80	3070000	4680	9360	2340,—	1170,—
2730000	4170	8340	2085,—	1042,50	3080000	4695	9390	2347,50	1173,80
2740000	4185	8370	2092,50	1046,30	3090000	4710	9420	2355,—	1177,50
2750000	4200	8400	2100,—	1050,—	3100000	4725	9450	2362,50	1181,30
2760000	4215	8430	2107,50	1053,80	3110000	4740	9480	2370,—	1185,—
2770000	4230	8460	2115,—	1057,50	3120000	4755	9510	2377,50	1188,80
2780000	4245	8490	2122,50	1061,30	3130000	4770	9540	2385,—	1192,50
2790000	4260	8520	2130,—	1065,—	3140000	4785	9570	2392,50	1196,30
2800000	4275	8550	2137,50	1068,80	3150000	4800	9600	2400,—	1200,—
2810000	4290	8580	2145,—	1072,50	3160000	4815	9630	2407,50	1203,80
2820000	4305	8610	2152,50	1076,30	3170000	4830	9660	2415,—	1207,50
2830000	4320	8640	2160,—	1080,—	3180000	4845	9690	2422,50	1211,30
2840000	4335	8670	2167,50	1083,80	3190000	4860	9720	2430,—	1215,—
2850000	4350	8700	2175,—	1087,50	3200000	4875	9750	2437,50	1218,80
2860000	4365	8730	2182,50	1091,30	3210000	4890	9780	2445,—	1222,50
2870000	4380	8760	2190,—	1095,—	3220000	4905	9810	2452,50	1226,30
2880000	4395	8790	2197,50	1098,80	3230000	4920	9840	2460,—	1230,—
2890000	4410	8820	2205,—	1102,50	3240000	4935	9870	2467,50	1233,80
2900000	4425	8850	2212,50	1106,30	3250000	4950	9000	2475,—	1237,50
2910000	4440	8880	2220,—	1110,—	3260000	4965	9930	2482,50	1241,30
2920000	4455	8910	2227,50	1113,80	3270000	4980	9960	2490,—	1245,—
2930000	4470	8940	2235,—	1117,50	3280000	4995	9990	2497,50	1248,80
2940000	4485	8970	2242,50	1121,30	3290000	5010	10020	2505,—	1252,50
2950000	4500	9000	2250,—	1125,—	3300000	5025	10050	2512,50	1256,30

Wert bis einschl. DM	10/10 DM	20/10 DM	5/10 DM	1/4 DM	Wert bis einschl. DM	10/10 DM	20/10 DM	5/10 DM	1/4 DM
3310000	5040	10080	2520,—	1260,—	3660000	5565	11130	2782,50	1391,30
3320000	5055	10110	2527,50	1263,80	3670000	5580	11160	2790,—	1395,—
3330000	5070	10140	2535,—	1267,50	3680000	5595	11190	2797,50	1398,80
3340000	5085	10170	2542,50	1271,30	3690000	5610	11220	2805,—	1402,50
3350000	5100	10200	2550,—	1275,—	3700000	5625	11250	2812,50	1406,30
3360000	5115	10230	2557,50	1278,80	3710000	5640	11280	2820,—	1410,—
3370000	5130	10260	2565,—	1282,50	3720000	5655	11310	2827,50	1413,80
3380000	5145	10290	2572,50	1286,30	3730000	5670	11340	2835,—	1417,50
3390000	5160	10320	2580,—	1290,—	3740000	5685	11370	2842,50	1421,30
3400000	5175	10350	2587,50	1293,80	3750000	5700	11400	2850,—	1425,—
3410000	5190	10380	2595,—	1297,50	3760000	5715	11430	2857,50	1428,80
3420000	5205	10410	2602,50	1301,30	3770000	5730	11460	2865,—	1432,50
3430000	5220	10440	2610,—	1305,—	3780000	5745	11490	2872,50	1436,30
3440000	5235	10470	2617,50	1308,80	3790000	5760	11520	2880,—	1440,—
3450000	5250	10500	2625,—	1312,50	3800000	5775	11550	2887,50	1443,80
3460000	5265	10530	2632,50	1316,30	3810000	5790	11580	2895,—	1447,50
3470000	5280	10560	2640,—	1320,—	3820000	5805	11610	2902,50	1451,30
3480000	5295	10590	2647,50	1323,80	3830000	5820	11640	2910,—	1455,—
3490000	5310	10620	2655,—	1327,50	3840000	5835	11670	2917,50	1458,80
3500000	5325	10650	2662,50	1331,50	3850000	5850	11700	2925,—	1462,50
3510000	5340	10680	2670,—	1335,—	3860000	5865	11730	2932,50	1466,30
3520000	5355	10710	2677,50	1338,80	3870000	5880	11760	2940,—	1470,—
3530000	5370	10740	2685,—	1342,50	3880000	5895	11790	2947,50	1473,80
3540000	5385	10770	2692,50	1346,30	3890000	5910	11820	2955,—	1477,50
3550000	5400	10800	2700,—	1350,—	3900000	5925	11850	2962,50	1481,30
3560000	5415	10830	2707,50	1353,80	3910000	5940	11880	2970,—	1485,—
3570000	5430	10860	2715,—	1357,50	3920000	5955	11910	2977,50	1488,80
3580000	5445	10890	2722,50	1361,50	3930000	5970	11940	2985,—	1492,50
3590000	5460	10920	2730,—	1365,—	3940000	5985	11970	2992,50	1496,30
3600000	5475	10950	2737,50	1368,80	3950000	6000	12000	3000,—	1500,—
3610000	5490	10980	2745,—	1372,50	3960000	6015	12030	3007,50	1503,80
3620000	5505	11010	2752,50	1376,30	3970000	6030	12060	3015,—	1507,50
3630000	5520	11040	2760,—	1380,—	3980000	6045	12090	3022,50	1511,30
3640000	5535	11070	2767,50	1383,80	3990000	6060	12120	3030,—	1515,—
3650000	5550	11100	2775,—	1387,50	4000000	6075	12150	3037,50	1518,80

Wert bis einschl. DM	10/10 DM	20/10 DM	5/10 DM	1/4 DM	Wert bis einschl. DM	10/10 DM	20/10 DM	5/10 DM	1/4 DM
4010000	6090	12180	3045,—	1522,50	4360000	6615	13230	3307,50	1653,80
4020000	6105	12210	3052,50	1526,30	4370000	6630	13260	3315,—	1657,50
4030000	6120	12240	3060,—	1530,—	4380000	6645	13290	3322,50	1661,30
4040000	6135	12270	3067,50	1533,80	4390000	6660	13320	3330,—	1665,—
4050000	6150	12300	3075,—	1537,50	4400000	6675	13350	3337,50	1668,80
4060000	6165	12330	3082,50	1541,30	4410000	6690	13380	3345,—	1672,50
4070000	6180	12360	3090,—	1545,—	4420000	6705	13410	3352,50	1676,30
4080000	6195	12390	3097,50	1548,80	4430000	6720	13440	3360,—	1680,—
4090000	6210	12420	3105,—	1552,50	4440000	6735	13470	3367,50	1683,80
4100000	6225	12450	3112,50	1556,30	4450000	6750	13500	3375,—	1687,50
4110000	6240	12480	3120,—	1560,—	4460000	6765	13530	3382,50	1691,30
4120000	6255	12510	3127,50	1563,80	4470000	6780	13560	3390,—	1695,—
4130000	6270	12540	3135,—	1567,50	4480000	6795	13590	3397,50	1698,80
4140000	6285	12570	3142,50	1571,30	4490000	6810	13620	3405,—	1702,50
4150000	6300	12600	3150,—	1575,—	4500000	6825	13650	3412,50	1706,30
4160000	6315	12630	3157,50	1578,80	4510000	6840	13680	3420,—	1710,—
4170000	6330	12660	3165,—	1582,50	4520000	6855	13710	3427,50	1713,80
4180000	6345	12690	3172,50	1586,30	4530000	6870	13740	3435,—	1717,50
4190000	6360	12720	3180,—	1590,—	4540000	6885	13770	3442,50	1721,30
4200000	6375	12750	3187,50	1593,80	4550000	6900	13800	3450,—	1725,—
4210000	6390	12780	3195,—	1597,50	4560000	6915	13830	3457,50	1728,80
4220000	6405	12810	3202,50	1601,30	4570000	6930	13860	3465,—	1732,50
4230000	6420	12840	3210,—	1605,—	4580000	6945	13890	3472,50	1736,30
4240000	6435	12870	3217,50	1608,80	4590000	6960	13920	3480,—	1740,—
4250000	6450	12900	3225,—	1612,50	4600000	6975	13950	3487,50	1743,80
4260000	6465	12930	3232,50	1616,30	4610000	6990	13980	3495,—	1747,50
4270000	6480	12960	3240,—	1620,—	4620000	7005	14010	3502,50	1751,30
4280000	6495	12990	3247,50	1623,80	4630000	7020	14040	3510,—	1755,—
4290000	6510	13020	3255,—	1627,50	4640000	7035	14070	3517,50	1758,80
4300000	6525	13050	3262,50	1631,30	4650000	7050	14100	3525,—	1762,50
4310000	6540	13080	3270,—	1635,—	4660000	7065	14130	3532,50	1766,30
4320000	6555	13110	3277,50	1638,80	4670000	7080	14160	3540,—	1770,—
4330000	6570	13140	3285,—	1642,50	4680000	7095	14190	3547,50	1773,80
4340000	6585	13170	3293,50	1646,30	4690000	7110	14220	3555,—	1777,50
4350000	6600	13200	3300,—	1650,—	4700000	7125	14250	3562,50	1781,30

Wert bis einschl. DM	10/10 DM	20/10 DM	5/10 DM	1/4 DM	Wert bis einschl. DM	10/10 DM	20/10 DM	5/10 DM	1/4 DM
4710000	7140	14280	3570,—	1785,—	4860000	7365	14730	3682,50	1841,30
4720000	7155	14310	3577,50	1788,80	4870000	7380	14760	3690,—	1845,—
4730000	7170	14340	3585,—	1792,50	4880000	7395	14790	3697,50	1848,80
4740000	7185	14370	3592,50	1796,30	4890000	7410	14820	3705,—	1852,50
4750000	7200	14400	3600,—	1800,—	4900000	7425	14850	3712,50	1856,30
4760000	7215	14430	3607,50	1803,80	4910000	7440	14880	3720,—	1860,—
4770000	7230	14460	3615,—	1807,50	4920000	7455	14910	3727,50	1863,80
4780000	7245	14490	3622,50	1811,30	4930000	7470	14940	3735,—	1867,50
4790000	7260	14520	3630,—	1815,—	4940000	7485	14970	3742,50	1871,30
4800000	7275	14550	3637,50	1818,80	4950000	7500	15000	3750,—	1875,—
4810000	7290	14580	3645,—	1822,50	4960000	7515	15030	3757,50	1878,80
4820000	7305	14610	3652,50	1826,30	4970000	7530	15060	3765,—	1882,50
4830000	7320	14640	3660,—	1830,—	4980000	7545	15090	3772,50	1886,30
4840000	7335	14670	3667,50	1833,80	4990000	7560	15120	3780,—	1890,—
4850000	7350	14700	3675,—	1837,50	5000000	7575	15150	3787,50	1893,80

Wert bis einschl. DM	steigend um je DM	10/10 DM	20/10 DM	5/10 DM	1/4 DM
10000000	10000	15	30	7,50	3,75
40000000	20000	15	30	7,50	3,75
60000000	40000	15	30	7,50	3,75
100000000	100000	15	30	7,50	3,75
500000000	500000	15	30	7,50	3,75
darüber	1000000	15	30	7,50	3,75

Bitte beachten, daß die Endbeträge auf volle 10 Dpf aufgerundet werden!

Berechnungsvorschlag S. 27

Gerichts- und Notargebühren KostO

KostO

Berechnungsvorschlag:

Wert bis einsch DM	von den auf volle .... DM aufgerundeten Werten	10/10	20/10	5/10	1/4
		(% des Wertes + ... DM = jeweilige Gebühr)			
10000000	10000	0,15 % + 75 DM	0,30 % + 150 DM	0,075 % + 37,50 DM	0,0375 % + 18,75 DM
40000000	20000	0,075 % + 7575 DM	0,15 % + 15150 DM	0,0375 % + 3787,50 DM	0,01875 % + 1893,75 DM
60000000	40000	0,0375 % + 22575 DM	0,075 % + 45150 DM	0,01875 % + 11287,50 DM	0,009375 % + 5643,75 DM
100000000	100000	0,015 % + 36075 DM	0,03 % + 72150 DM	0,0075 % + 18037,50 DM	0,00375 % + 9018,75 DM
500000000	500000	0,003 % + 48075 DM	0,006 % + 96150 DM	0,0015 % + 24037,50 DM	0,00075 % + 12018,75 DM
darüber	1000000	0,0015 % + 55575 DM	0,003 % + 111150 DM	0,00075 % + 27787,50 DM	0,000375 % + 13893,75 DM

Beispiele:

Wert DM	aufgerundet auf DM	10/10 DM	20/10 DM	5/10 DM	1/4 DM
7394260	7400000	11175	22350	5587,50	2793,80
29561304	29580000	29760	59520	14880	7440
59828000	59840000	45015	90030	22507,50	11253,80

Ergänzende Bemerkungen zur vorstehenden Tabelle

(Die §§ sind die der KostO)

1. Die Gebühren werden nach dem Geschäftswert berechnet (§ 18).
   Für Grundbesitz gilt regelmäßig der letzte Einheitswert, sofern sich aus dem Inhalt des Geschäfts, den Angaben der Beteiligten, Grundstücksbelastungen, amtlich bekannten oder aus den Grundakten ersichtlichen Tatsachen oder Vergleichswerten oder aus sonstigen ausreichenden Anhaltspunkten nicht ein höherer Wert ergibt; bei wesentlichem Abweichen des gebührenpflichtigen Geschäfts vom Gegenstand der Einheitsbewertung ist der Geschäftswert nach freiem Ermessen zu ermitteln (§ 19/2).

2. Der Mindestbetrag einer Gebühr ist 10,— DM; Pfennigbeträge sind auf volle zehn deutsche Pfennige aufzurunden (§ 33).

3. In Ermangelung genügender tatsächlicher Anhaltspunkte für eine Schätzung und in nichtvermögensrechtlichen Angelegenheiten ist der Wert regelmäßig auf 5000 DM anzunehmen, nach Lage des Falles höher oder niedriger, jedoch nicht über 1 Million und nicht unter 200 DM. In Angelegenheiten, die die Annahme eines Minderjährigen betreffen, beträgt der Wert stets 5000 DM (§ 30/2, 3).

4. Der Wert des Rechts auf wiederkehrende Leistungen wird wie folgt berechnet:
   a) bei immerwährender Dauer (auf unabsehbare Zeit) der 25fache Jahresbetrag;
   b) bei unbestimmter Dauer (wenn der künftige Wegfall gewiß, die Zeit des Wegfalls aber ungewiß ist, z. B. Änderung des Zinssatzes) der $12^1/_2$ fache Jahresbetrag;
   c) bei Dauer des Rechts für die Lebenszeit einer Person ist anzunehmen, wenn es beginnt:

von 15 Jahren oder weniger	der 22fache Betrag
über 15 Jahre bis zu 25 Jahren	der 21fache Betrag
über 25 Jahre bis zu 35 Jahren	der 20fache Betrag
über 35 Jahre bis zu 45 Jahren	der 18fache Betrag
über 45 Jahre bis zu 55 Jahren	der 15fache Betrag
über 55 Jahre bis zu 65 Jahren	der 11fache Betrag
über 65 Jahre bis zu 75 Jahren	der $7^1/_2$fache Betrag
über 75 Jahre bis zu 80 Jahren	der 5fache Betrag
über 80 Jahre	der 3fache Betrag

   der einjährigen Nutzung oder Leistung (§ 24/1, 2).

   Steht das Recht mehreren Personen zu, so ist das Lebensalter der ältesten maßgebend, wenn und soweit es beim Tode des zuerst Versterbenden erlischt; dagegen das Lebensalter der jüngsten Person, wenn und soweit es bis zum Tode des Letztversterbenden fortbestehen soll (§ 24/2).

   Jedoch ist, wenn das Recht dem Ehegatten, einem früheren Ehegatten oder Verwandten bis zum 3. Grade und Verschwägerten bis zum 2. Grade des Verpflichteten zusteht, nur der 5fache Jahreswert der Gebührenberechnung zugrunde zu legen, falls nicht der Jahresbetrag nach § 24/2 niedriger ist, also bei Lebensalter über 80 Jahren der dreifache Jahresbetrag (§ 24/3).

   Der Wert einer **Grunddienstbarkeit** ist derjenige, den sie für das herrschende Grundstück hat; ist der Nachteil für das dienende Grundstück höher, so gilt dieser (§ 22).

   Wert der **Vorrangseinräumung** gleich dem des vortretenden, höchstens aber gleich dem des zurücktretenden Rechts (§ 23/3).

   Der **Unterhaltsanspruch** eines unehelichen Kindes ist gleich dem Betrage des einjährigen Bezuges. Rückstände sind, falls sie Gegenstand des Geschäfts sind, mit ihrem Gesamtbetrag besonders in Ansatz zu bringen. Bei verschiedenen Jahresbeträgen gilt der höchste (§ 24/4). Ist zugleich die Vaterschaftsanerkennung beurkundet, so ist diese nach § 24/2 besonders zu bewerten.

5. Für den Wert einer **Vermögens- oder Nachlaßmasse** werden die Verbindlichkeiten **nicht** abgezogen (§ 18/3).

6. **Gerichtskosten in Grundbuchsachen, Nachlaß- und Familiensachen:** z. B.
   I. $^{30}/_{10}$ a) Verfahren über Versorgungsausgleich mit Entscheidung des Richters (§ 99/1).
   b) Verfahren über Hausratsteilung (§ 21 HausratsVO).
   II. $^{10}/_{10}$ a) Eintragung des Eigentümers (§ 60).
   b) Eintragung von Belastungen (§ 62).
   c) Erteilung eines Erbscheins (§ 107).
   d) Entscheidung, mit der die Annahme als Kind ausgesprochen oder aufgehoben wird (§ 98).
   e) Regelung der elterlichen Gewalt nach Scheidung (§ 94).

III. $^{5}/_{10}$ a) Eintragung des Eigentums von Abkömmlingen (§ 60/2).
b) Eintragung von Veränderungen von Rechten an Grundstücken, Verfügungsbeschränkungen, Rangänderungen, Löschungsvormerkungen (§ 64).
c) Eintragung von Vormerkungen und Widersprüchen (§ 66).
d) Löschungen (die Hälfte der für die Eintragung bestimmten Gebühr) (§ 68).
e) Eintragung von Pfandentlassungen (§ 68).
f) Eröffnung einer Verfügung von Todes wegen (§ 102).

IV. $^{1}/_{4}$ a) Andere Eintragungen als die vorstehenden (§ 67).
b) Amtliche Testamentsverwahrung (§ 101).
c) Erteilung von Hypothekenbriefen usw. (§ 71).
d) Rückgabe von Testamenten jetzt gebührenfrei.

Beglaubigte Grundbuchblattabschriften 10–30 DM (§ 73).

Gerichts- und Notargebühren KostO

7. **Auseinandersetzung**

I. Gericht a) $^{40}/_{10}$ für gerichtliche Vermittlung der Auseinandersetzung (§ 116[1]).
b) $^{20}/_{10}$ wenn Verfahren ohne Bestätigung abgeschlossen (§ 116[1]).
c) $^{5}/_{10}$ wenn vor Eintritt in die Verhandlung erledigt (§ 116[1]).
d) $^{5}/_{10}$ wenn mit Dritten ein Auseinandersetzungsvertrag abgeschlossen wird (§ 116[2]).
e) je $^{5}/_{10}$ wenn die Vermittlung der Auseinandersetzung einem Notar übertragen wird, für Verfahren und Bestätigung (§ 116[4]).

II. Notar Die Gebühren entsprechend wie zu I., jedoch nur
a) $^{35}/_{10}$ wenn ihm die Vermittlung vom Gericht übertragen ist (§ 148).
b) $^{30}/_{10}$ wenn in diesem Falle dem Gericht die Bestätigung zusteht (§ 148).

Daneben die Gebühr für Beurkundung des Vertrages (§ 116[3]).

8. Vereinbarungen über die Höhe der Notariatsgebühren sind unwirksam (§ 140).

9. Der Notar kann die Notariatsgebühren auf Grund einer von ihm mit Vollstreckungsklausel versehenen Ausfertigung der Kostenrechnung beitreiben (§ 155).

10. Ist am Ort der Amtshandlung durch Bundes- oder Landesrecht sachliche Gebührenbefreiung gewährt, so ermäßigen sich bei einem Notar, dem die Gebühren für seine Tätigkeit selbst zufließen, die in den §§ 36 bis 59, 71, 133, 145, 148 bestimmten Gebühren um achtzig vom Hundert; § 33 bleibt unberührt. (§ 144/3).

11. Bei Anmeldungen zum Handelsregister und bei Eintragungen in das Handelsregister richtet sich der Geschäftswert nach dem in das Register einzutragenden Geldbetrag (§ 26/1).
Ist ein bestimmter Geldbetrag nicht einzutragen, so richtet sich der Geschäftswert nach dem Wert des Betriebsvermögens. Bei der Bewertung des Betriebsvermögens ist der letzte Einheitswert maßgebend, der zur Zeit der Fälligkeit der Gebühr bereits festgestellt ist (§ 26/2). Gegebenenfalls ist er zu schätzen (§ 26/6).
Bei Anmeldungen und Eintragungen, die für das Unternehmen keine wirtschaftliche Bedeutung haben, beträgt der Geschäftswert $^{1}/_{10}$ des in § 26/3 bestimmten Wertes, höchstens 3000 DM (§ 26/7).
Bei der Beurkundung von Beschlüssen von Aktiengesellschaften, anderen Vereinigungen und Stiftungen richtet sich der Geschäftswert, wenn kein bestimmter Geldwert Gegenstand des Beschlusses ist, nach § 26/4. § 44 ist anzuwenden (§ 27).
Geschäftswerte und Gebühren ergeben sich aus der nachfolgenden Tabelle:

Geschäftswert und Gebühren

Für Beurkundung von Versammlungsbeschlüssen, Anmeldungen und Eintragungen sofern nicht ein bestimmter Geldbetrag in das Register einzutragen ist.

Wert-stufe	Wert des Betriebs-vermögens DM	Voller Geschäftswert Wert DM	Gebühr für die erste Anmeldung $^{5}/_{10}$ § 38/2 DM	erste Eintragung $^{20}/_{10}$ § 79 DM
1	2	3	4	5
1	bis 10000	3000	15,50	62
2	20000	6000	22,50	90
3	30000	10000	30,—	120
4	50000	16000	45,—	180
5	100000	20000	45,—	180
6	200000	25000	52,50	210
7	300000	30000	57,50	230
8	400000	35000	62,50	250
9	500000	40000	67,50	270
10	600000	45000	75,—	300
11	700000	50000	75,—	300
12	800000	55000	82,50	330
13	900000	60000	82,50	330
14	1000000	65000	90,—	360
15	1400000	80000	97,50	390
16	1800000	95000	112,50	450
17	2200000	110000	120,—	480
18	2600000	125000	135,—	540
19	3000000	140000	142,50	570
20	3500000	160000	157,50	630
21	4000000	180000	172,50	690
22	4500000	200000	187,50	750
23	5000000	220000	202,50	810
24	5500000	240000	217,50	870
25	6000000	260000	232,50	930
26	6500000	280000	247,50	990
27	7000000	300000	262,50	1050
28	7500000	320000	277,50	1110
29	8000000	340000	292,50	1170
30	8500000	360000	307,50	1230

in Handelsregistersachen

Geschäftswert und Gebühren in Handelsregistersachen

Wert	Halber Geschäftswert Gebühr für die spätere Anmeldung $^{5}/_{10}$ § 38/2	 spätere Eintragung u. Beurk. von Versammlungsbeschl. $^{20}/_{10}$ §§ 47, 79	$^{1}/_{10}$ Geschäftswert ohne wirtschaftliche Bedeutung Wert	Gebühr für die Anmeldung $^{5}/_{10}$ § 38/2	 Eintragung $^{20}/_{10}$ § 79
DM	DM	DM	DM	DM	DM
6	7	8	9	10	11
1 500	13,—	52	300	10,—	20
3 000	15,50	62	600	10,—	40
5 000	22,50	90	1 000	10,—	40
8 000	26,50	106	1 600	13,—	52
10 000	30,—	120	2 000	13,—	52
12 500	37,50	150	2 500	15,50	62
15 000	37,50	150	3 000	15,50	62
17 500	45,—	180	Höchstwert		
20 000	45,—	180			
22 500	52,50	210[1]			
25 000	52,50	210			
27 500	57,50	230			
30 000	57,50	230			
32 500	62,50	250			
40 000	67,50	270			
47 500	75,—	300			
55 000	82,50	330			
62 500	90,—	360			
70 000	90,—	360			
80 000	97,50	390			
90 000	105,—	420[2]			
100 000	112,50	450			
110 000	120,—	480			
120 000	127,50	510			
130 000	135,—	540			
140 000	142,50	570			
150 000	150,—	600[3]			
160 000	157,50	630			
170 000	165,—	660			
180 000	172,50	690			

Sp. 8

Anm. 1: 200 **DM Höchstgebühr** für die Eintragung des Erlöschens der Prokura. § 79/2

Anm. 2: 400 **DM Höchstgebühr** für die Eintragung einer Prokura oder deren Änderung. § 79/2

Anm. 3: 600 **DM Höchstgebühr** für die Löschung der Firma. § 79/2

Geschäftswert und Gebühren in Handelsregistersachen

Geschäftswert und Gebühren in Handelsregistersachen

Wertstufe	Wert des Betriebsvermögens DM	Voller Geschäftswert: Wert DM	Voller Geschäftswert: Gebühr für die erste Anmeldung 5/10 § 38/2 DM	Voller Geschäftswert: Gebühr für die erste Eintragung 20/10 § 79 DM	Halber Geschäftswert: Wert DM	Halber Geschäftswert: Gebühr für die spätere Anmeldung 5/10 § 38/2 DM	Halber Geschäftswert: Gebühr für die spätere Eintragung u. Beurk. von Versammlungsbeschl. 20/10 §§ 47,79 DM
1	2	3	4	5	6	7	8
31	9000000	380000	322,50	1290	190000	180,—	720
32	9500000	400000	337,50	1350	200000	187,50	750
33	10000000	420000	352,50	1410	210000	195,—	780
34	10500000	440000	367,50	1470	220000	202,50	810
35	11000000	460000	382,50	1530	230000	210,—	840
36	11500000	480000	397,50	1590	240000	217,50	870
37	12000000	500000	412,50	1650	250000	225,—	900
38	12500000	520000	427,50	1710	260000	232,50	930
39	13000000	540000	442,50	1770	270000	240,—	960
40	13500000	560000	457,50	1830	280000	247,50	990
41	14000000	580000	472,50	1890	290000	255,—	1020
42	14500000	600000	487,50	1950	300000	262,50	1050
43	15000000	620000	502,50	2010	310000	270,—	1080
44	15500000	640000	517,50	2070	320000	277,50	1110
45	16000000	660000	532,50	2130	330000	285,—	1140
46	16500000	680000	547,50	2190	340000	292,50	1170
47	17000000	700000	562,50	2250	350000	300,—	1200[1]
48	17500000	720000	577,50	2310	360000	307,50	1230
49	18000000	740000	592,50	2370	370000	315,—	1260
50	18500000	760000	607,50	2430	380000	322,50	1290
51	19000000	780000	622,50	2490	390000	330,—	1320
52	19500000	800000	637,50	2550	400000	337,50	1350
53	20000000	820000	652,50	2610	410000	345,—	1380
54	20500000	840000	667,50	2670	420000	352,50	1410
55	21000000	860000	682,50	2730	430000	360,—	1440
56	21500000	880000	697,50	2790	440000	367,50	1470
57	22000000	900000	712,50	2850	450000	375,—	1500
58	22500000	920000	727,50	2910	460000	382,50	1530
59	23000000	940000	742,50	2970	470000	390,—	1560
60	23500000	960000	757,50	3030	480000	397,50	1590

Sp. 8 Anm. 1 : **1200 DM Höchstgebühr** für alle sonstigen Eintragungen, wenn kein bestimmter Geldbetrag in das Register eingetragen wird und es sich nicht um die erste Eintragung handelt sowie für die Eintragung eines Kommanditisten als Nachfolger eines anderen, eines bisher pers. haftenden Gesellschafters als Kommanditisten oder eines bisherigen Kommanditisten als pers. haftenden Gesellschafter. § 79/2

Geschäftswert und Gebühren in Handelsregistersachen

Wertstufe	Wert des Betriebsvermögens	Voller Geschäftswert			Halber Geschäftswert		
		Wert	Gebühr für die		Wert	Gebühr für die	
			erste Anmeldung	erste Eintragung		spätere Anmeldung	spätere Eintragung u. Beurk. von Versammlungsbeschl.
			5/10 § 38/2	20/10 § 79		5/10 § 38/2	20/10 §§ 47,79
	DM	DM	DM	DM	DM	DM	DM
1	2	3	4	5	6	7	8
61	24000000	980000	772,50	3090	490000	405,—	1620
62	24500000	**1000000**[1]	787,50	3150	500000	412,50	1650
63	25000000	1020000	802,50	3210	510000	420,—	1680
64	25500000	1040000	817,50	3270	520000	427,50	1710
65	26000000	1060000	832,50	3330	530000	435,—	1740
66	26500000	1080000	847,50	3390	540000	442,50	1770
67	27000000	1100000	862,50	3450	550000	450,—	1800
68	27500000	1120000	877,50	3510	560000	457,50	1830
69	28000000	1140000	892,50	3570	570000	465,—	1860
70	28500000	1160000	907,50	3630	580000	472,50	1890
71	29000000	1180000	922,50	3690	590000	480,—	1920
72	29500000	1200000	937,50	3750	600000	487,50	1950
73	30000000	1220000	952,50	3810	610000	495,—	1980
74	30500000	1240000	967,50	3870	620000	502,50	2010
75	31000000	1260000	982,50	3930	630000	510,—	2040
76	31500000	1280000	997,50	3990	640000	517,50	2070
77	32000000	1300000	1012,50	4050	650000	525,—	2100
78	32500000	1320000	1027,50	4110	660000	532,50	2130
79	33000000	1340000	1042,50	4170	670000	540,—	2160
80	33500000	1360000	1057,50	4230	680000	547,50	2190
81	34000000	1380000	1072,50	4290	690000	555,—	2220
82	34500000	1400000	1087,50	4350	700000	562,50	2250
83	35000000	1420000	1102,50	4410	710000	570,—	2280
84	35500000	1440000	1117,50	4470	720000	577,50	2310
85	36000000	1460000	1132,50	4530	730000	585,—	2340
86	36500000	1480000	1147,50	4590	740000	592,50	2370
87	37000000	1500000	1162,50	4650	750000	600,—	2400
88	37500000	1520000	1177,50	4710	760000	607,50	2430
89	38000000	1540000	1192,50	4770	770000	615,—	2460
90	38500000	1560000	1207,50	4830	780000	622,50	2490

Sp. 3 Anm. 1: **Höchstwert** für Anmeldungen, auch wenn mehrere Anmeldungen in derselben Verhandlung beurkundet werden und ein bestimmter Geldbetrag in das Register einzutragen ist. § 26/10

Geschäftswert und Gebühren in Handelsregistersachen

Wertstufe	Wert des Betriebsvermögens	Voller Geschäftswert			Halber Geschäftswert		
		Wert	Gebühr für die erste Anmeldung 5/10 § 38/2	Gebühr für die erste Eintragung 20/10 § 79	Wert	Gebühr für die spätere Anmeldung 5/10 § 38/2	Gebühr für die spätere Eintragung u. Beurk. von Versammlungsbeschl. 20/10 §§ 47,79
	DM	DM	DM	DM	DM	DM	DM
1	2	3	4	5	6	7	8
91	39000000	1580000	1222,50	4890	790000	630,—	2520
92	39500000	1600000	1237,50	4950	800000	637,50	2550
93	40000000	1620000	1252,50	5010	810000	645,—	2580
94	40500000	1640000	1267,50	5070	820000	652,50	2610
95	41000000	1660000	1282,50	5130	830000	660,—	2640
96	41500000	1680000	1297,50	5190	840000	667,50	2.670
97	42000000	1700000	1312,50	5250	850000	675,—	2700
98	42500000	1720000	1327,50	5310	860000	682,50	2730
99	43000000	1740000	1342,50	5370	870000	690,—	2760
100	43500000	1760000	1357,50	5430	880000	697,50	2790
101	44000000	1780000	1372,50	5490	890000	705,—	2820
102	44500000	1800000	1387,50	5550	900000	712,50	2850
103	45000000	1820000	1402,50	5610	910000	720,—	2880
104	45500000	1840000	1417,50	5670	920000	727,50	2910
105	46000000	1860000	1432,50	5730	930000	735,—	2940
106	46500000	1880000	1447,50	5790	940000	742,50	2970
107	47000000	1900000	1462,50	5850	950000	750,—	3000
108	47500000	1920000	1477,50	5910	960000	757,50	3030
109	48000000	1940000	1492,50	5970	970000	765,—	3060
110	48500000	1960000	1507,50	6030	980000	772,50	3090
111	49000000	1980000	1522,50	6090	990000	780,—	3120
112	49500000	2000000	1537,50	6150	1000000[1,2]	787,50	3150

Berechnung bei Betriebsvermögen über 49500000 DM:
Von dem auf volle 500000 DM aufgerundeten Wert des Betriebsvermögens.

		4 % + 20000		siehe Tab. KostO		2 % + 10000	siehe 3 Tab. KostO

Sp. 6 Anm. 1: **Höchstwert** für Anmeldungen, auch wenn mehrere Anmeldungen in derselben Verhandlung beurkundet werden und ein bestimmter Geldbetrag in das Register einzutragen ist. § 26/10

Sp. 6 Anm. 2: **Höchstwert** für Beschlüsse mit unbestimmtem Geldwert, auch wenn in einer Verhandlung mehrere Beschlüsse beurkundet werden. § 27/3

Sp. 8 Anm. 3: **10000 DM Höchstgebühr** für Beurkundung von Versammlungsbeschlüssen, auch bei bestimmtem Geldbetrag. § 47.

Alphabetisches Verzeichnis für Notariatsgebühren usw.

nach der Kostenordnung in der Fassung des Gesetzes vom 20. August 1975
BGBl. I S. 2189

Die §§ sind die der Kostenordnung
Es sind zu berechnen:

Für	Von d. Geb. nach § 32 der KostO
Abänderungen (§ 42), wie für die abgeänderte Erklärung höchstens	10/10
Abmarkungen (§ 50/2)	10/10
Abschriftenbeglaubigung (§ 55) – soweit nicht § 132 gilt – je Seite 0,50 DM, mindestens 10 DM	
Abtretungen (§ 36/1)	10/10
falls zugleich die Annahme erklärt wird (§ 36/2)	20/10
Abtretung von Geschäftsanteilen einer GmbH. (§ 15 GmbHGes.) (§ 36/2) ...... (ist das Verpflichtungsgeschäft bereits beurkundet, Gebühr § 38 Abs. 2 Ziff. 6 = 5/10)	20/10
Anerkennung des Inhalts schriftlicher Erklärungen, wie die Gebühr für diese (§ 43)	5/10
Annahme eines Vertragsantrags (§ 38 Abs. 2 Ziff. 2)	5/10
Anmeldung zum Handelsregister oder sonstigen Registern (§ 38 Abs. 2 Ziff. 7), Wert höchstens 1 Mill. DM (§ 26/10)	5/10
Anträge auf Eintragungen ins Grundbuch (§ 38 Abs. 2 Ziff. 5)	5/10
Anträge und **Beschwerden** durch Notar (§ 146/2)	5/10
Auflassungsbeurkundungen (§ 38 Abs. 2 Ziff. 6)	5/10
Aufhebung eines nicht erfüllten Vertrages (§ 38 Abs. 2 Ziff. 3)	5/10
Aufsuchen von Urkunden, gebührenfrei (§ 147/3)	
Auseinandersetzungsvermittelung siehe Seite 29	
Außerhalb der Geschäftsräume, Amtshandlungen (§ 58) .... Höchstgebühr 60 DM, aber nicht mehr als die Gebühr für das Geschäft selbst (Anrechnung des Abwesenheitsgeldes § 153). Bei Vornahme mehrerer selbständiger Geschäfte für jedes Geschäft besonders, auch wenn in dem gleichen auswärtigen Termin erledigt (siehe Text)	5/10
Beglaubigung von Unterschriften und Handzeichen (§ 45) höchstens 250 DM	1/4
Bescheinigung über Tatsachen (§ 50)	10/10
Bescheinigung nach § 22 a der BundesNotO (§ 150/2) = 50 DM	
Bescheinigung nach § 21 der Bundes NotO (§ 150) = 10 DM	
Beurkundungen an Sonn- und Feiertagen sowie außerhalb der Zeit von 8 bis 18 Uhr, an Sonnabenden nach 13 Uhr (§ 58/3) .... höchstens 60 DM, aber nicht mehr als die Gebühr für das Geschäft selbst	5/10
Eidesstattliche Versicherungen und Eidesabnahme (§ 49/1)	10/10
Eidesstattliche Versicherungen zur Erlangung eines **Erbscheins** (§ 49/1)	10/10
Einseitige Erklärungen (§ 36/1)	10/10
Einsicht von Grundbuch, Akten usw., falls nicht nur Nebengeschäft (§ 147/2)	5/10
Eintragungsanträge für Grundbuch und Schiffsregister (§ 38 Abs. 2 Ziff. 5)	5/10
Entwurf einer Urkunde, wie für diese selbst (§ 145) .... (siehe auch RGBl. I 1940, 882)	
Erbbaurechte Geschäftswert (§ 21)	
Erbschaftsausschlagung (§ 38 Abs. 3, § 112/3)	1/4
Erbverträge (§ 46/1)	20/10
Erbscheinsverhandlungen (eidesstattl. Versich.) (§ 49/1)	10/10

Alphabetisches Verzeichnis für Notariatsgebühren usw.

Alphabet. Verzeichnis f. Notariatsgebühren usw.

Für	Von d. Geb. nach § 32 der KostO
Erfolglose Verhandlung (§ 57) Höchstgebühr 100 DM	5/10
Ergänzungen (§ 42) wie ergänzte Erklärung, höchstens	10/10
Fälle, für die eine besondere Gebühr nicht bestimmt ist (§ 147)	5/10
Fremdsprachige Beurkundungen, Zusatzgebühr, die Hälfte der für die Beurkundung erwachsenen Gebühr, höchstens 60 DM (§ 59)	
Generalversammlungen, Aufsichtsratssitzungen usw. (§ 47) Höchstgebühr 10000 DM	20/10
Grundbuchanträge (§ 38 Abs. 1 Ziff. 5)	5/10
Handelsregisteranmeldungen (§ 38 Abs. 2 Ziff. 7), Wert § 26	5/10
Legalisationen, Notar erhält keine Gebühr (§ 146/4)	
Letzwillige Verfügungen siehe Testamente und Erbverträge	
Löschungsbewilligungen (ohne gleichzeitige Quittung über die Forderung) (§ 38 Abs. 2 Ziff. 5)	5/10
Mehrere Erklärungen in einer Urkunde siehe § 44	
Nachtzeit, Beurkundung zur ... (§ 58/3)	5/10
Höchstgebühr 60 DM und nicht mehr als die Gebühr für das Geschäft selbst	
Nicht vollzogene Geschäfte (§ 57)	5/10
Höchstens 100 DM und nicht mehr als die Gebühr für das Geschäft selbst	
Notarzuziehung statt Zeugen (§ 151/1)	5/10
Bei Zuziehung ohne ausdrückliches Verlangen der Beteiligten nicht mehr als 2,50 DM für die Stunde (§ 151/2)	
Pfandentlassungen (§ 38 Abs. 2 Ziff. 5)	5/10
Proteste (nach HGB und Binnenschiffsgesetz) (§ 50 Abs. 1 Ziff. 3)	10/10
Proteste über Wechsel und Schecks (§ 51/1)	5/10
Protestgebühr für jede Notadresse § 51/4)	1/4
Protestwegegebühr (§ 51/2) = 3 DM	
Raterteilungen, falls nicht durch die Gebühr für das Hauptgeschäft abgegolten (§ 147/2)	5/10
Schätzungsaufnahme (§ 50 Abs. 1 Ziff. 4)	10/10
Schätzungsaufnahme bei freiwilligen Versteigerungen (§ 53 Abs. 1 Ziff. 2)	5/10
Sicherstellung der Zeit der Ausstellung einer Urkunde (§ 56) = 10 bis 30 DM	
Siegelungen (§ 52) bis zur Dauer von 2 Stunden	5/10
darüber hinaus für jede Stunde = 10 DM	
Sonntag, Beurkundungen am ... (§ 58/3)	5/10
Höchstgebühr 60 DM und nicht mehr als die Gebühr für das Geschäft selbst	
Tatsachenbescheinigungen (§ 50 Abs. 1 Ziff. 1)	10/10
Teilhypothekenbriefe § 71	1/4
Termin, vereitelter, siehe erfolglose Verhandlung	
Testamente (§ 46/1)	10/10
Testamente, gemeinschaftliche (§ 46/1)	20/10
Testamentswiderruf ohne Neuerrichtung (§ 46/2)	5/10
Unterbleiben der Beurkundung nach Verhandlung siehe erfolglose Verhandlung	
Unterschriftbeglaubigungen (§ 45) Höchstgebühr 250 DM	1/4
Verklarungen (§ 50/2) Mindestgebühr 20 DM	20/10
Nachträgliche Ergänzung derselben (§ 50/2) Mindestgebühr 10 DM	10/10
Verlosungen (§ 48) Beurkundung des Hergangs	20/10
Einzählen der Lose. Wert (§ 48/3)	5/10

Alphabetisches Verzeichnis für Notariatsgebühren usw., Reisekosten

Für	Von d. Geb nach § 32 der KostO
Vermögensverzeichnis – siehe Siegelungen – (§ 52)	5/10
Verpflichtung zur Übertragung des Eigentums an Grundstücken (§ 38/1)	10/10
Versteigerungstermin, Abhaltung (§ 53 Abs. 1 Ziff. 3)	10/10
Versteigerungstermin, Vorbereitung (§ 53 Abs. 1 Ziff. 1)	5/10
Versteigerung, Zuschlagsbeurkundung (§ 53 Abs. 1 Ziff. 4)	10/10
Verträge (§ 36/2)	20/10
Vertragsanträge (§ 37)	15/10
Vollmachten und deren Widerruf (§ 38 Abs. 2 Ziff. 4) Wert § 41	5/10
Vollstreckungsklausel, Erteilung im Falle §§ 726–729 ZPO (§ 133)	5/10
Vollzugsgebühr bei Grundstücks- und Erbbaurechtsveräußerungen sowie Erbbaurechtsbestellung (§ 146/1)	5/10
Vollzugsgebühr bei Nur-Beglaubigungen (§ 146/3)	1/4
Vorrangseinräumungen ohne materiell-rechtlichen Zusatz (§ 38 Abs. 2 Ziff. 5)	5/10
Wahlversammlungen (§ 48/1) Wert § 48/3	20/10
Wechselproteste (§ 51/1) Zusatzgebühr für jeden Weg = 3 DM	5/10
Zusatzgebühr für jede Notadresse	1/4
Wohnungseigentum Geschäftswert § 21	
Zeugenvernehmung (§ 49/1)	10/10
Zustimmung einzelner Teilnehmer (§ 38 Abs. 2 Ziff. 1) Wert = Anteil des Teilnehmers (§ 40)	5/10
Zustimmungserklärung zur Anerkennung der Vaterschaft, zur Ehelicherklärung oder zur Annahme als Kind (§ 38 Abs. 4)	1/4

Alphabet. Verzeichnis f. Notariatsgebühren usw.

Reisekosten für Anwalt und Notar. § 28 BRAGebO, § 153 KostO:
Für Rechtsanwalt;
Tage- und Abwesenheitsgeld. Bei Reisen von nicht mehr als 4 Stunden 20 DM, von mehr als 4–8 Stunden 40 DM, von mehr als 8 Stunden 75 DM. Bei Auslandsreisen kann zu diesen Beträgen ein Zuschlag von 50 v.H. berechnet werden. Außerdem hat er Anspruch auf Ersatz der Übernachtungskosten.
Fahrtkosten. Für Benutzung des eigenen Kraftwagens 0,40 DM für jeden angefangenen km des Hin- und Rückweges. Bei Benutzung anderer Verkehrsmittel sind die tatsächlichen Aufwendungen zu erstatten.
Für Notar, dem die Gebühren für die Tätigkeit selbst zufließen:
Tage- und Abwesenheitsgeld. Bei Reisen von nicht mehr als 4 Stunden 15 DM, von mehr als 4–8 Stunden 25 DM, von mehr als 8 Stunden 50 DM; die Hälfte dieses Satzes ist auf die in § 58/1 bestimmte Zusatzgebühr anzurechnen. Außerdem hat der Notar Anspruch auf Ersatz der Übernachtungskosten.
Fahrtkosten. Für Benutzung des eigenen Kraftwagens 0,40 DM für jeden angefangenen km des Hin- und Rückweges. Bei Benutzung anderer Verkehrsmittel sind die tatsächlichen Aufwendungen zu erstatten.
Für Notar, dessen Gebühren der Staatskasse zufließen:
Reisekosten nach den für Bundesbeamte der Reisekostenstufe B geltenden Vorschriften. Das sind:
Für eine eintägige Dienstreise über 12 Stunden 26 DM. Nimmt die Dienstreise mehr als 6–8 Stunden in Anspruch, so erhält der Notar $^3/_{10}$, bei mehr als 8–12 Stunden $^5/_{10}$ dieses Satzes. Das Tagegeld für eine mehrtägige Dienstreise beträgt 33 DM, das Übernachtungsgeld ebenfalls 33 DM.
Fahrtkosten. Für die erforderliche Benutzung anderer als öffentlich regelmäßig verkehrender Beförderungsmittel erhält der Notar Ersatz der notwendigen Auslagen, bei Benutzung eines eigenen Kraftwagens 0,40 DM für jeden angefangenen km des Hin- und Rückweges. Diese Entschädigung ist stets zu gewähren, wenn der Hin- und Rückweg zusammen nicht mehr als 200 km beträgt oder der Notar Fahrtkosten für nicht mehr als 200 km verlangt.

Hebegebühr

nach § 22 der Bundesgebührenordnung für Rechtsanwälte
und
§ 149 der Kostenordnung in der Fassung vom 20. August 1975 BGBl. I S. 2189

Die Hebegebühr beträgt bei Beträgen
bis zu 5000 DM einschl. .... 1 v. H.
von dem Mehrbetrage bis zu 20 000 DM einschl. .... 0,5 v. H.
von dem Mehrbetrage über 20 000 DM .... 0,25 v. H.

Die Gebühr ist bei der Auszahlung oder Rückzahlung zu erheben. Bei Auszahlung in Teilbeträgen ist sie von jedem Teilbetrag zu berechnen.
Pfennigbeträge sind auf volle zehn Deutsche Pfennig aufzurunden (§ 33).

Wert bis einschl. DM	Hebegebühr DM	Wert bis einschl. DM	Hebegebühr DM	Wert bis einschl. DM	Hebegebühr DM	Wert bis einschl. DM	Hebegebühr DM
100	1,—	400	4,—	700	7,—	1 000	10,—
110	1,10	410	4,10	710	7,10	1 010	10,10
120	1,20	420	4,20	720	7,20	1 020	10,20
130	1,30	430	4,30	730	7,30	1 030	10,30
140	1,40	440	4,40	740	7,40	1 040	10,40
150	1,50	450	4,50	750	7,50	1 050	10,50
160	1,60	460	4,60	760	7,60	1 060	10,60
170	1,70	470	4,70	770	7,70	1 070	10,70
180	1,80	480	4,80	780	7,80	1 080	10,80
190	1,90	490	4,90	790	7,90	1 090	10,90
200	2,—	500	5,—	800	8,—	1 100	11,—
210	2,10	510	5,10	810	8,10	1 110	11,10
220	2,20	520	5,20	820	8,20	1 120	11,20
230	2,30	530	5,30	830	8,30	1 130	11,30
240	2,40	540	5,40	840	8,40	1 140	11,40
250	2,50	550	5,50	850	8,50	1 150	11,50
260	2,60	560	5,60	860	8,60	1 160	11,60
270	2,70	570	5,70	870	8,70	1 170	11,70
280	2,80	580	5,80	880	8,80	1 180	11,80
290	2,90	590	5,90	890	8,90	1 190	11,90
300	3,—	600	6,—	900	9,—	1 200	12,—
310	3,10	610	6,10	910	9,10	1 210	12,10
320	3,20	620	6,20	920	9,20	1 220	12,20
330	3,30	630	6,30	930	9,30	1 230	12,30
340	3,40	640	6,40	940	9,40	1 240	12,40
350	3,50	650	6,50	950	9,50	1 250	12,50
360	3,60	660	6,60	960	9,60	1 260	12,60
370	3,70	670	6,70	970	9,70	1 270	12,70
380	3,80	680	6,80	980	9,80	1 280	12,80
390	3,90	690	6,90	990	9,90	1 290	12,90

Hebegebühr

Wert bis einschl. DM	Hebegebühr DM	Wert bis einschl. DM	Hebegebühr DM	Wert bis einschl. DM	Hebegebühr DM	Wert bis einschl. DM	Hebegebühr DM
1300	13,—	1650	16,50	2000	20,—	2350	23,50
1310	13,10	1660	16,60	2010	20,10	2360	23,60
1320	13,20	1670	16,70	2020	20,20	2370	23,70
1330	13,30	1680	16,80	2030	20,30	2380	23,80
1340	13,40	1690	16,90	2040	20,40	2390	23,90
1350	13,50	1700	17,—	2050	20,50	2400	24,—
1360	13,60	1710	17,10	2060	20,60	2410	24,10
1370	13,70	1720	17,20	2070	20,70	2420	24,20
1380	13,80	1730	17,30	2080	20,80	2430	24,30
1390	13,90	1740	17,40	2090	20,90	2440	24,40
1400	14,—	1750	17,50	2100	21,—	2450	24,50
1410	14,10	1760	17,60	2110	21,10	2460	24,60
1420	14,20	1770	17,70	2120	21,20	2470	24,70
1430	14,30	1780	17,80	2130	21,30	2480	24,80
1440	14,40	1790	17,90	2140	21,40	2490	24,90
1450	14,50	1800	18,—	2150	21,50	2500	25,—
1460	14,60	1810	18,10	2160	21,60	2510	25,10
1470	14,70	1820	18,20	2170	21,70	2520	25,20
1480	14,80	1830	18,30	2180	21,80	2530	25,30
1490	14,90	1840	18,40	2190	21,90	2540	25,40
1500	15,—	1850	18,50	2200	22,—	2550	25,50
1510	15,10	1860	18,60	2210	22,10	2560	25,60
1520	15,20	1870	18,70	2220	22,20	2570	25,70
1530	15,30	1880	18,80	2230	22,30	2580	25,80
1540	15,40	1890	18,90	2240	22,40	2590	25,90
1550	15,50	1900	19,—	2250	22,50	2600	26,—
1560	15,60	1910	19,10	2260	22,60	2610	26,10
1570	15,70	1920	19,20	2270	22,70	2620	26,20
1580	15,80	1930	19,30	2280	22,80	2630	26,30
1590	15,90	1940	19,40	2290	22,90	2640	26,40
1600	16,—	1950	19,50	2300	23,—	2650	26,50
1610	16,10	1960	19,60	2310	23,10	2660	26,60
1620	16,20	1970	19,70	2320	23,20	2670	26,70
1630	16,30	1980	19,80	2330	23,30	2680	26,80
1640	16,40	1990	19,90	2340	23,40	2690	26,90

Hebegebühr

Hebegebühr

Hebe-
gebühr

Wert bis einschl. DM	Hebegebühr DM	Wert bis einschl. DM	Hebegebühr DM	Wert bis einschl. DM	Hebegebühr DM	Wert bis einschl. DM	Hebegebühr DM
2700	27,—	3050	30,50	3400	34,—	3750	37,50
2710	27,10	3060	30,60	3410	34,10	3760	37,60
2720	27,20	3070	30,70	3420	34,20	3770	37,70
2730	27,30	3080	30,80	3430	34,30	3780	37,80
2740	27,40	3090	30,90	3440	34,40	3790	37,90
2750	27,50	3100	31,—	3450	34,50	3800	38,—
2760	27,60	3110	31,10	3460	34,60	3810	38,10
2770	27,70	3120	31,20	3470	34,70	3820	38,20
2780	27,80	3130	31,30	3480	34,80	3830	38,30
2790	27,90	3140	31,40	3490	34,90	3840	38,40
2800	28,—	3150	31,50	3500	35,—	3850	38,50
2810	28,10	3160	31,60	3510	35,10	3860	38,60
2820	28,20	3170	31,70	3520	35,20	3870	38,70
2830	28,30	3180	31,80	3530	35,30	3880	38,80
2840	28,40	3190	31,90	3540	35,40	3890	38,90
2850	28,50	3200	32,—	3550	35,50	3900	39,—
2860	28,60	3210	32,10	3560	35,60	3910	39,10
2870	28,70	3220	32,20	3570	35,70	3920	39,20
2880	28,80	3230	32,30	3580	35,80	3930	39,30
2890	28,90	3240	32,40	3590	35,90	3940	39,40
2900	29,—	3250	32,50	3600	36,—	3950	39,50
2910	29,10	3260	32,60	3610	36,10	3960	39,60
2920	29,20	3270	32,70	3620	36,20	3970	39,70
2930	29,30	3280	32,80	3630	36,30	3980	39,80
2940	29,40	3290	32,90	3640	36,40	3990	39,90
2950	29,50	3300	33,—	3650	36,50	4000	40,—
2960	29,60	3310	33,10	3660	36,60	4010	40,10
2970	29,70	3320	33,20	3670	36,70	4020	40,20
2980	29,80	3330	33,30	3680	36,80	4030	40,30
2990	29,90	3340	33,40	3690	36,90	4040	40,40
3000	30,—	3350	33,50	3700	37,—	4050	40,50
3010	30,10	3360	33,60	3710	37,10	4060	40,60
3020	30,20	3370	33,70	3720	37,20	4070	40,70
3030	30,30	3380	33,80	3730	37,30	4080	40,80
3040	30,40	3390	33,90	3740	37,40	4090	40,90

Hebegebühr

Wert bis einschl. DM	Hebegebühr DM	Wert bis einschl. DM	Hebegebühr DM	Wert bis einschl. DM	Hebegebühr DM	Wert bis einschl. DM	Hebegebühr DM
4100	41,—	4450	44,50	4800	48,—	5300	51,50
4110	41,10	4460	44,60	4810	48,10	5320	51,60
4120	41,20	4470	44,70	4820	48,20	5340	51,70
4130	41,30	4480	44,80	4830	48,30	5360	51,80
4140	41,40	4490	44,90	4840	48,40	5380	51,90
4150	41,50	4500	45,—	4850	48,50	5400	52,—
4160	41,60	4510	45,10	4860	48,60	5420	52,10
4170	41,70	4520	45,20	4870	48,70	5440	52,20
4180	41,80	4530	45,30	4880	48,80	5460	52,30
4190	41,90	4540	45,40	4890	48,90	5480	52,40
4200	42,—	4550	45,50	4900	49,—	5500	52,50
4210	42,10	4560	45,60	4910	49,10	5520	52,60
4220	42,20	4570	45,70	4920	49,20	5540	52,70
4230	42,30	4580	45,80	4930	49,30	5560	52,80
4240	42,40	4590	45,90	4940	49,40	5580	52,90
4250	42,50	4600	46,—	4950	49,50	5600	53,—
4260	42,60	4610	46,10	4960	49,60	5620	53,10
4270	42,70	4620	46,20	4970	49,70	5640	53,20
4280	42,80	4630	46,30	4980	49,80	5660	53,30
4290	42,90	4640	46,40	4990	49,90	5680	53,40
4300	43,—	4650	46,50	5000	50,—	5700	53,50
4310	43,10	4660	46,60	5020	50,10	5720	53,60
4320	43,20	4670	46,70	5040	50,20	5740	53,70
4330	43,30	4680	46,80	5060	50,30	5760	53,80
4340	43,40	4690	46,90	5080	50,40	5780	53,90
4350	43,50	4700	47,—	5100	50,50	5800	54,—
4360	43,60	4710	47,10	5120	50,60	5820	54,10
4370	43,70	4720	47,20	5140	50,70	5840	54,20
4380	43,80	4730	47,30	5160	50,80	5860	54,30
4390	43,90	4740	47,40	5180	50,90	5880	54,40
4400	44,—	4750	47,50	5200	51,—	5900	54,50
4410	44,10	4760	47,60	5220	51,10	5920	54,60
4420	44,20	4770	47,70	5240	51,20	5940	54,70
4430	44,30	4780	47,80	5260	51,30	5960	54,80
4440	44,40	4790	47,90	5280	51,40	5980	54,90

Hebegebühr

Hebegebühr

Wert bis einschl. DM	Hebegebühr DM	Wert bis einschl. DM	Hebegebühr DM	Wert bis einschl. DM	Hebegebühr DM	Wert bis einschl. DM	Hebegebühr DM
6000	55,—	6700	58,50	7400	62,—	8100	65,50
6020	55,10	6720	58,60	7420	62,10	8120	65,60
6040	55,20	6740	58,70	7440	62,20	8140	65,70
6060	55,30	6760	58,80	7460	62,30	8160	65,80
6080	55,40	6780	58,90	7480	62,40	8180	65,90
6100	55,50	6800	59,—	7500	62,50	8200	66,—
6120	55,60	6820	59,10	7520	62,60	8220	66,10
6140	55,70	6840	59,20	7540	62,70	8240	66,20
6160	55,80	6860	59,30	7560	62,80	8260	66,30
6180	55,90	6880	59,40	7580	62,90	8280	66,40
6200	56,—	6900	59,50	7600	63,—	8300	66,50
6220	56,10	6920	59,60	7620	63,10	8320	66,60
6240	56,20	6940	59,70	7640	63,20	8340	66,70
6260	56,30	6960	59,80	7660	63,30	8360	66,80
6280	56,40	6980	59,90	7680	63,40	8380	66,90
6300	56,50	7000	60,—	7700	63,50	8400	67,—
6320	56,60	7020	60,10	7720	63,60	8420	67,10
6340	56,70	7040	60,20	7740	63,70	8440	67,20
6360	56,80	7060	60,30	7760	63,80	8460	67,30
6380	56,90	7080	60,40	7780	63,90	8480	67,40
6400	57,—	7100	60,50	7800	64,—	8500	67,50
6420	57,10	7120	60,60	7820	64,10	8520	67,60
6440	57,20	7140	60,70	7840	64,20	8540	67,70
6460	57,30	7160	60,80	7860	64,30	8560	67,80
6480	57,40	7180	60,90	7880	64,40	8580	67,90
6500	57,50	7200	61,—	7900	64,50	8600	68,—
6520	57,60	7220	61,10	7920	64,60	8620	68,10
6540	57,70	7240	61,20	7940	64,70	8640	68,20
6560	57,80	7260	61,30	7960	64,80	8660	68,30
6580	57,90	7280	61,40	7980	64,90	8680	68,40
6600	58,—	7300	61,50	8000	65,—	8700	68,50
6620	58,10	7320	61,60	8020	65,10	8720	68,60
6640	58,20	7340	61,70	8040	65,20	8740	68,70
6660	58,30	7360	61,80	8060	65,30	8760	68,80
6680	58,40	7380	61,90	8080	65,40	8780	68,90

Hebegebühr

Wert bis einschl. DM	Hebegebühr DM	Wert bis einschl. DM	Hebegebühr DM	Wert bis einschl. DM	Hebegebühr DM	Wert bis einschl. DM	Hebegebühr DM
8 800	69,—	9 500	72,50	10 200	76,—	10 900	79,50
8 820	69,10	9 520	72,60	10 220	76,10	10 920	79,60
8 840	69,20	9 540	72,70	10 240	76,20	10 940	79,70
8 860	69,30	9 560	72,80	10 260	76,30	10 960	79,80
8 880	69,40	9 580	72,90	10 280	76,40	10 980	79,90
8 900	69,50	9 600	73,—	10 300	76,50	11 000	80,—
8 920	69,60	9 620	73,10	10 320	76,60	11 020	80,10
8 940	69,70	9 640	73,20	10 340	76,70	11 040	80,20
8 960	69,80	9 660	73,30	10 360	76,80	11 060	80,30
8 980	69,90	9 680	73,40	10 380	76,90	11 080	80,40
9 000	70,—	9 700	73,50	10 400	77,—	11 100	80,50
9 020	70,10	9 720	73,60	10 420	77,10	11 120	80,60
9 040	70,20	9 740	73,70	10 440	77,20	11 140	80,70
9 060	70,30	9 760	73,80	10 460	77,30	11 160	80,80
9 080	70,40	9 780	73,90	10 480	77,40	11 180	80,90
9 100	70,50	9 800	74,—	10 500	77,50	11 200	81,—
9 120	70,60	9 820	74,10	10 520	77,60	11 220	81,10
9 140	70,70	9 840	74,20	10 540	77,70	11 240	81,20
9 160	70,80	9 860	74,30	10 540	77,70	11 240	81,30
9 180	70,90	9 880	74,40	10 580	77,90	11 280	81,40
9 200	71,—	9 900	74,50	10 600	78,—	11 300	81,50
9 220	71,10	9 920	74,60	10 620	78,10	11 320	81,60
9 240	71,20	9 940	74,70	10 640	78,20	11 340	81,70
9 260	71,30	9 960	74,80	10 660	78,30	11 360	81,80
9 280	71,40	9 980	74,90	10 680	78,40	11 380	81,90
9 300	71,50	10 000	75,—	10 700	78,50	11 400	82,—
9 320	71,60	10 020	75,10	10 720	78,60	11 420	82,10
9 340	71,70	10 040	72,20	10 740	78,70	11 440	82,20
9 360	71,80	10 060	75,30	10 760	78,80	11 460	82,30
9 380	71,90	10 080	75,40	10 780	78,90	11 480	82,40
9 400	72,—	10 100	75,50	10 800	79,—	11 500	82,50
9 420	72,10	10 120	75,60	10 820	79,10	11 520	82,60
9 440	72,20	10 140	75,70	10 840	79,20	11 540	82,70
9 460	72,30	10 160	75,80	10 860	79,30	11 560	82,80
9 480	72,40	10 180	75,90	10 880	79,40	11 580	82,90

Hebegebühr

Hebegebühr

Wert bis einschl. DM	Hebegebühr DM	Wert bis einschl. DM	Hebegebühr DM	Wert bis einschl. DM	Hebegebühr DM	Wert bis einschl. DM	Hebegebühr DM
11600	83,—	12300	86,50	13000	90,—	13700	93,50
11620	83,10	12320	86,60	13020	90,10	13720	93,60
11640	83,20	12340	86,70	13040	90,20	13740	93,70
11660	83,30	12360	86,80	13060	90,30	13760	93,80
11680	83,40	12380	86,90	13080	90,40	13780	93,90
11700	83,50	12400	87,—	13100	90,50	13800	94,—
11720	83,60	12420	87,10	13120	90,60	13820	94,10
11740	83,70	12440	87,20	13140	90,70	13840	94,20
11760	83,80	12460	87,30	13160	90,80	13860	94,30
11780	83,90	12480	87,40	13180	90,90	13880	94,40
11800	84,—	12500	87,50	13200	91,—	13900	94,50
11820	84,10	12520	87,60	13220	91,10	13920	94,60
11840	84,20	12540	87,70	13240	91,20	13940	94,70
11860	84,30	12560	87,80	13260	91,30	13960	94,80
11880	84,40	12580	87,90	13280	91,40	13980	94,90
11900	84,50	12600	88,—	13300	91,50	14000	95,—
11920	84,60	12620	88,10	13320	91,60	14020	95,10
11940	84,70	12640	88,20	13340	91,70	14040	95,20
11960	84,80	12660	88,30	13360	91,80	14060	95,30
11980	84,90	12680	88,40	13380	91,90	14080	95,40
12000	85,—	12700	88,50	13400	92,—	14100	95,50
12020	85,10	12720	88,60	13420	92,10	14120	95,60
12040	85,20	12740	88,70	13440	92,20	14140	95,70
12060	85,30	12760	88,80	13460	92,30	14160	95,80
12080	85,40	12780	88,90	13480	92,40	14180	95,90
12100	85,50	12800	89,—	13500	92,50	14200	96,—
12120	85,60	12820	89,10	13520	92,60	14220	96,10
12140	85,70	12840	89,20	13540	92,70	14240	96,20
12160	85,80	12860	89,30	13560	92,80	14260	96,30
12180	85,90	12880	89,40	13580	92,90	14280	96,40
12200	86,—	12900	89,50	13600	93,—	14300	96,50
12220	86,10	12920	89,60	13620	93,10	14320	96,60
12240	86,20	12940	89,70	13640	93,20	14340	96,70
12260	86,30	12960	89,80	13660	93,30	14360	96,80
12280	86,40	12980	89,90	13680	93,40	14380	96,90

Hebegebühr

Wert bis einschl. DM	Hebegebühr DM	Wert bis einschl. DM	Hebegebühr DM	Wert bis einschl. DM	Hebegebühr DM	Wert bis einschl. DM	Hebegebühr DM
14400	97,—	15100	100,50	15800	104,—	16500	107,50
14420	97,10	15120	100,60	15820	104,10	16520	107,60
14440	97,20	15140	100,70	15840	104,20	16540	107,70
14460	97,30	15160	100,80	15860	104,30	16560	107,80
14480	97,40	15180	100,90	15880	104,40	16580	107,90
14500	97,50	15200	101,—	15900	104,50	16600	108,—
14520	97,60	15220	101,10	15920	104,60	16620	108,10
14540	97,70	15240	101,20	15940	104,70	16640	108,20
14560	97,80	15260	101,30	15960	104,80	16660	108,30
14580	97,90	15280	101,40	15980	104,90	16680	108,40
14600	98,—	15300	101,50	16000	105,—	16700	108,50
14620	98,10	15320	101,60	16020	105,10	16720	108,60
14640	98,20	15340	101,70	16040	105,20	16740	108,70
14660	98,30	15360	101,80	16060	105,30	16760	108,80
14680	98,40	15380	101,90	16080	105,40	16780	108,90
14700	98,50	15400	102,—	16100	105,50	16800	109,—
14720	98,60	15420	102,10	16120	105,60	16820	109,10
14740	98,70	15440	102,20	16140	105,70	16840	109,20
14760	98,80	15460	102,30	16160	105,80	16860	109,30
14780	98,90	15480	102,40	16180	105,90	16880	109,40
14800	99,—	15500	102,50	16200	106,—	16900	109,50
14820	99,10	15520	102,60	16220	106,10	16920	109,60
14840	99,20	15540	102,70	16240	106,20	16940	109,70
14860	99,30	15560	102,80	16260	106,30	16960	109,80
14880	99,40	15580	102,90	16280	106,40	16980	109,90
14900	99,50	15600	103,—	16300	106,50	17000	110,—
14920	99,60	15620	103,10	16320	106,60	17020	110,10
14940	99,70	15640	103,20	16340	106,70	17040	110,20
14960	99,80	15660	103,30	16360	106,80	17060	110,30
14980	99,90	15680	103,40	16380	106,90	17080	110,40
15000	100,—	15700	103,50	16400	107,—	17100	110,50
15020	100,10	15720	103,60	16420	107,10	17120	110,60
15040	100,20	15740	103,70	16440	107,20	17140	110,70
15060	100,30	15760	103,80	16460	107,30	17160	110,80
15080	100,40	15780	103,90	16480	107,40	17180	110,90

Hebegebühr

Hebegebühr

Wert bis einschl. DM	Hebegebühr DM	Wert bis einschl. DM	Hebegebühr DM	Wert bis einschl. DM	Hebegebühr DM	Wert bis einschl. DM	Hebegebühr DM
17200	111,—	17900	114,50	18600	118,—	19300	121,50
17220	111,10	17920	114,60	18620	118,10	19320	121,60
17240	111,20	17940	114,70	18640	118,20	19340	121,70
17260	111,30	17960	114,80	18660	118,30	19360	121,80
17280	111,40	17980	114,90	18680	118,40	19380	121,90
17300	111,50	18000	115,—	18700	118,50	19400	122,—
17320	111,60	18020	115,10	18720	118,60	19420	122,10
17340	111,70	18040	115,20	18740	118,70	19440	122,20
17360	111,80	18060	115,30	18760	118,80	19460	122,30
17380	111,90	18080	115,40	18780	118,90	19480	122,40
17400	112,—	18100	115,50	18800	119,—	19500	122,50
17420	112,10	18120	115,60	18820	119,10	19520	122,60
17440	112,20	18140	115,70	18840	119,20	19540	122,70
17460	112,30	18160	115,80	18860	119,30	19560	122,80
17480	112,40	18180	115,90	18880	119,40	19580	122,90
17500	112,50	18200	116,—	18900	119,50	19600	123,—
17520	112,60	18220	116,10	18920	119,60	19620	123,10
17540	112,70	18240	116,20	18940	119,70	19640	123,20
17560	112,80	18260	116,30	18960	119,80	19660	123,30
17580	112,90	18280	116,40	18980	119,90	19680	123,40
17600	113,—	18300	116,50	19000	120,—	19700	123,50
17620	113,10	18320	116,60	19020	120,10	19720	123,60
17640	113,20	18340	116,70	19040	120,20	19740	123,70
17660	113,30	18360	116,80	19060	120,30	19760	123,80
17680	113,40	18380	116,90	19080	120,40	19780	123,90
17700	113,50	18400	117,—	19100	120,50	19800	124,—
17720	113,60	18420	117,10	19120	120,60	19820	124,10
17740	113,70	18440	117,20	19140	120,70	19840	124,20
17760	113,80	18460	117,30	19160	120,80	19860	124,30
17780	113,90	18470	117,40	19180	120,90	19880	124,40
17800	114,—	18500	117,50	19200	121,—	19900	124,50
17820	114,10	18520	117,60	19220	121,10	19920	124,60
17840	114,20	18540	117,70	19240	121,20	19940	124,70
17860	114,30	18560	117,80	19260	121,30	19960	124,80
17880	114,40	18580	117,90	19280	121,40	19980	124,90
						20000	125,—

bei Mehrbeträgen über 20 000 DM = 0,25 % + 75 DM.

Beispiel: Wert 46 420 DM
0,25 % von 46 420 DM = 116,05 DM
(46 420 DM : 0,04) + 75,— DM
191,05 DM
aufgerundet auf volle 10 Dfg. 191,10 DM

oder
1 % von 5 000 DM = 50,— DM
$^1/_2$ % von 15 000 DM = 75,— DM
$^1/_4$ % von 26 420 DM = 66,05 DM
191,05 DM
191,10 DM

Umsatz-(Mehrwert-)steuer

für Anwalts- und Notariatskosten
nach dem Gesetz vom 30. 11. 1978 – BGBl. I S. 1849
gültig ab 1. Juli 1979 (6,5 %)

Für DM	Mehr-wert-steuer DM	Für DM	Mehr-wert-steuer DM	Für DM	Mehr-wert-steuer DM	Für DM	Mehr-wert-steuer DM	Für DM	Mehr-wert-steuer DM	Für DM	Mehr-wert-steuer DM
0,10	0,01	38	2,47	84	5,46	130	8,45	176	11,44	222	14,43
0,20	0,01	39	2,54	85	5,53	131	8,52	177	11,51	223	14,50
0,30	0,02	40	2,60	86	5,59	132	8,58	178	11,57	224	14,56
0,40	0,03	41	2,67	87	5,66	133	8,65	179	11,64	225	14,63
0,50	0,03	42	2,73	88	5,72	134	8,71	180	11,70	226	14,69
0,60	0,04	43	2,80	89	5,79	135	8,78	181	11,77	227	14,76
0,70	0,05	44	2,86	90	5,85	136	8,84	182	11,83	228	14,82
0,80	0,05	45	2,93	91	5,92	137	8,91	183	11,90	229	14,89
0,90	0,06	46	2,99	92	5,98	138	8,97	184	11,96	230	14,95
1	0,07	47	3,06	93	6,05	139	9,04	185	12,03	231	15,02
2	0,13	48	3,12	94	6,11	140	9,10	186	12,09	232	15,08
3	0,20	49	3,19	95	6,18	141	9,17	187	12,16	233	15,15
4	0,26	50	3,25	96	6,24	142	9,23	188	12,22	234	15,21
5	0,33	51	3,32	97	6,31	143	9,30	189	12,29	235	15,28
6	0,39	52	3,38	98	6,37	144	9,36	190	12,35	236	15,34
7	0,46	53	3,45	99	6,44	145	9,43	191	12,42	237	15,41
8	0,52	54	3,51	100	6,50	146	9,49	192	12,48	238	15,47
9	0,59	55	3,58	101	6,57	147	9,56	193	12,55	239	15,54
10	0,65	56	3,64	102	6,63	148	9,62	194	12,61	240	15,60
11	0,72	57	3,71	103	6,70	149	9,69	195	12,68	241	15,67
12	0,78	58	3,77	104	6,76	150	9,75	196	12,74	242	15,73
13	0,85	59	3,84	105	6,83	151	9,82	197	12,81	243	15,80
14	0,91	60	3,90	106	6,89	152	9,88	198	12,87	244	15,86
15	0,98	61	3,97	107	6,96	153	9,95	199	12,94	245	15,93
16	1,04	62	4,03	108	7,02	154	10,01	200	13,00	246	15,99
17	1,11	63	4,10	109	7,09	155	10,08	201	13,07	247	16,06
18	1,17	64	4,16	110	7,15	156	10,14	202	13,13	248	16,12
19	1,24	65	4,23	111	7,22	157	10,21	203	13,20	249	16,19
20	1,30	66	4,29	112	7,28	158	10,27	204	13,26	250	16,25
21	1,37	67	4,36	113	7,35	159	10,34	205	13,33	251	16,32
22	1,43	68	4,42	114	7,41	160	10,40	206	13,39	252	16,38
23	1,50	69	4,49	115	7,48	161	10,47	207	13,46	253	16,45
24	1,56	70	4,55	116	7,54	162	10,53	208	13,52	254	16,51
25	1,63	71	4,62	117	7,61	163	10,60	209	13,59	255	16,58
26	1,69	72	4,68	118	7,67	164	10,66	210	13,65	256	16,64
27	1,76	73	4,75	119	7,74	165	10,73	211	13,72	257	16,71
28	1,82	74	4,81	120	7,80	166	10,79	212	13,78	258	16,77
29	1,89	75	4,88	121	7,87	167	10,86	213	13,85	259	16,84
30	1,95	76	4,94	122	7,93	168	10,92	214	13,91	260	16,90
31	2,02	77	5,01	123	8,00	169	10,99	215	13,98	261	16,97
32	2,08	78	5,07	124	8,06	170	11,05	216	14,04	262	17,03
33	2,15	79	5,14	125	8,13	171	11,12	217	14,11	263	17,10
34	2,21	80	5,20	126	8,19	172	11,18	218	14,17	264	17,16
35	2,28	81	5,27	127	8,26	173	11,25	219	14,24	265	17,23
36	2,34	82	5,33	128	8,32	174	11,31	220	14,30	266	17,29
37	2,41	83	5,40	129	8,39	175	11,38	221	14,37	267	17,36

Umsatz-(Mehrwert-)steuer-tabelle

Mehrwertsteuertabellen 6,5 %

Umsatz-(Mehrwert-)steuer-tabelle

Für DM	Mehr-wert-steuer DM	Für DM	Mehr-wert-steuer DM	Für DM	Mehr-wert-steuer DM	Für DM	Mehr-wert-steuer DM	Für DM	Mehr-wert-steuer DM	Für DM	Mehr-wert-steuer DM
268	17,42	320	20,80	372	24,18	424	27,56	476	30,94	528	34,32
269	17,49	321	20,87	373	24,25	425	27,63	477	31,01	529	34,39
270	17,55	322	20,93	374	24,31	426	27,69	478	31,07	530	34,45
271	17,62	323	21,00	375	24,38	427	27,76	479	31,14	531	34,52
272	17,68	324	21,06	376	24,44	428	27,82	480	31,20	532	34,58
273	17,75	325	21,13	377	24,51	429	27,89	481	31,27	533	34,65
274	17,81	326	21,19	378	24,57	430	27,95	482	31,33	534	34,71
275	17,88	327	21,26	379	24,64	431	28,02	483	31,40	535	34,78
276	17,94	328	21,32	380	24,70	432	28,08	484	31,46	536	34,84
277	18,01	329	21,39	381	24,77	433	28,15	485	31,53	537	34,91
278	18,07	330	21,45	382	24,83	434	28,21	486	31,59	538	34,97
279	18,14	331	21,52	383	24,90	435	28,28	487	31,66	539	35,04
280	18,20	332	21,58	384	24,96	436	28,34	488	31,72	540	35,10
281	18,27	333	21,65	385	25,03	437	28,41	489	31,79	541	35,17
282	18,33	334	21,71	386	25,09	438	28,47	490	31,85	542	35,23
283	18,40	335	21,78	387	25,16	439	28,54	491	31,92	543	35,30
284	18,46	336	21,84	388	25,22	440	28,60	492	31,98	544	35,36
285	18,53	337	21,91	389	25,29	441	28,67	493	32,05	545	35,43
286	18,59	338	21,97	390	25,35	442	28,73	494	32,11	546	35,49
287	18,66	339	22,04	391	25,42	443	28,80	495	32,18	547	35,56
288	18,72	340	22,10	392	25,48	444	28,86	496	32,24	548	35,62
289	18,79	341	22,17	393	25,55	445	28,93	497	32,31	549	35,69
290	18,85	342	22,23	394	25,61	446	28,99	498	32,37	550	35,75
291	18,92	343	22,30	395	25,68	447	29,06	499	32,44	551	35,82
292	18,98	344	22,36	396	25,74	448	29,12	500	32,50	552	35,88
293	19,05	345	22,43	397	25,81	449	29,19	501	32,57	553	35,95
294	19,11	346	22,49	398	25,87	450	29,25	502	32,63	554	36,01
295	19,18	347	22,56	399	25,94	451	29,32	503	32,70	555	36,08
296	19,24	348	22,62	400	26,00	452	29,38	504	32,76	556	36,14
297	19,31	349	22,69	401	26,07	453	29,45	505	32,83	557	36,21
298	19,37	350	22,75	402	26,13	454	29,51	506	32,89	558	36,27
299	19,44	351	22,82	403	26,20	455	29,58	507	32,96	559	36,34
300	19,50	352	22,88	404	26,26	456	29,64	508	33,02	560	36,40
301	19,57	353	22,95	405	26,33	457	29,71	509	33,09	561	36,47
302	19,63	354	23,01	406	26,39	458	29,77	510	33,15	562	36,53
303	19,70	355	23,08	407	26,46	459	29,84	511	33,22	563	36,59
304	19,76	356	23,14	408	26,52	460	29,90	512	33,28	564	36,66
305	19,83	357	23,21	409	26,59	461	29,97	513	33,35	565	36,73
306	19,89	358	23,27	410	26,65	462	30,03	514	33,41	566	36,79
307	19,96	359	23,34	411	26,72	463	30,10	515	33,48	567	36,86
308	20,02	360	23,40	412	26,78	464	30,16	516	33,54	568	36,92
309	20,09	361	23,47	413	26,85	465	30,23	517	33,61	569	36,99
310	20,15	362	23,53	414	26,91	466	30,29	518	33,67	570	37,05
311	20,22	363	23,60	415	26,98	467	30,36	519	33,74	571	37,12
312	20,28	364	23,66	416	27,04	468	30,42	520	33,80	572	37,18
313	20,35	365	23,73	417	27,11	469	30,49	521	33,87	573	37,25
314	20,41	366	23,79	418	27,17	470	30,55	522	33,93	574	37,31
315	20,48	367	23,86	419	27,24	471	30,62	523	34,00	575	37,38
316	20,54	368	23,92	420	27,30	472	30,68	524	34,06	576	37,44
317	20,61	369	23,99	421	27,37	473	30,75	525	34,13	577	37,51
318	20,67	370	24,05	422	27,43	474	30,81	526	34,19	578	37,57
319	20,74	371	24,12	423	27,50	475	30,88	527	34,26	579	37,64

Mehrwertsteuertabellen 6,5 %

Für DM	Mehrwertsteuer DM	Für DM	Mehrwertsteuer DM	Für DM	Mehrwertsteuer DM	Für DM	Mehrwertsteuer DM	Für DM	Mehrwertsteuer DM	Für DM	Mehrwertsteuer DM
580	37,70	632	41,08	684	44,46	736	47,84	788	51,22	840	54,60
581	37,77	633	41,15	685	44,53	737	47,91	789	51,29	841	54,67
582	37,83	634	41,21	686	44,59	738	47,97	790	51,35	842	54,73
583	37,90	635	41,28	687	44,66	739	48,04	791	51,42	843	54,80
584	37,96	636	41,34	688	44,72	740	48,10	792	51,48	844	54,86
585	38,03	637	41,41	689	44,79	741	48,17	793	51,55	845	54,93
586	38,09	638	41,47	690	44,85	742	48,23	794	51,61	846	54,99
587	38,16	639	41,54	691	44,92	743	48,30	795	51,68	847	55,06
588	38,22	640	41,60	692	44,98	744	48,36	796	51,74	848	55,12
589	38,29	641	41,67	693	45,05	745	48,43	797	51,81	849	55,19
590	38,35	642	41,73	694	45,11	746	48,49	798	51,87	850	55,25
591	38,42	643	41,80	695	45,18	747	48,56	799	51,94	851	55,32
592	38,48	644	41,86	696	45,24	748	48,62	800	52,00	852	55,38
593	38,55	645	41,93	697	45,31	749	48,69	801	52,07	853	55,45
594	38,61	646	41,99	698	45,37	750	48,75	802	52,13	854	55,51
595	38,68	647	42,06	699	45,44	751	48,82	803	52,20	855	55,58
596	38,74	648	42,12	700	45,50	752	48,88	804	52,26	856	55,64
597	38,81	649	42,19	701	45,57	753	48,95	805	52,33	857	55,71
598	38,87	650	42,25	702	45,63	754	49,01	806	52,39	858	55,77
599	38,94	651	42,32	703	45,70	755	49,08	807	52,46	859	55,84
600	39,00	652	42,38	704	45,76	756	49,14	808	52,52	860	55,90
601	39,07	653	42,45	705	45,83	757	49,21	809	52,59	861	55,97
602	39,13	654	42,51	706	45,89	758	49,27	810	52,65	862	56,03
603	39,20	655	42,58	707	45,96	759	49,34	811	52,72	863	56,10
604	39,26	656	42,64	708	46,02	760	49,40	812	52,78	864	56,16
605	39,33	657	42,71	709	46,09	761	49,47	813	52,85	865	56,23
606	39,39	658	42,77	710	46,15	762	49,53	814	52,91	866	56,29
607	39,46	659	42,84	711	46,22	763	49,60	815	52,98	867	56,36
608	39,52	660	42,90	712	46,28	764	49,66	816	53,04	868	56,42
609	39,59	661	42,97	713	46,35	765	49,73	817	53,11	869	56,49
610	39,65	662	43,03	714	46,41	766	49,79	818	53,17	870	56,55
611	39,72	663	43,10	715	46,48	767	49,86	819	53,24	871	56,62
612	39,78	664	43,16	716	46,54	768	49,92	820	53,30	872	56,68
613	39,85	665	43,23	717	46,61	769	49,99	821	53,37	873	56,75
614	39,91	666	43,29	718	46,67	770	50,05	822	53,43	874	56,81
615	39,98	667	43,36	719	46,74	771	50,12	823	53,50	875	56,88
616	40,04	668	43,42	720	46,80	772	50,18	824	53,56	876	56,94
617	40,11	669	43,49	721	46,87	773	50,25	825	53,63	877	57,01
618	40,17	670	43,55	722	46,93	774	50,31	826	53,69	878	57,07
619	40,24	671	43,62	723	47,00	775	50,38	827	53,76	879	57,14
620	40,30	672	43,68	724	47,06	776	50,44	828	53,82	880	57,20
621	40,37	673	43,75	725	47,13	777	50,51	829	53,89	881	57,27
622	40,43	674	43,81	726	47,19	778	50,57	830	53,95	882	57,33
623	40,50	675	43,88	727	47,26	779	50,64	831	54,02	883	57,40
624	40,56	676	43,94	728	47,32	780	50,70	832	54,08	884	57,46
625	40,63	677	44,01	729	47,39	781	50,77	833	54,15	885	57,53
626	40,69	678	44,07	730	47,45	782	50,83	834	54,21	886	57,59
627	40,76	679	44,14	731	47,52	783	50,90	835	54,28	887	57,66
628	40,82	680	44,20	732	47,58	784	50,96	836	54,34	888	57,72
629	40,89	681	44,27	733	47,65	785	51,03	837	54,41	889	57,79
630	40,95	682	44,33	734	47,71	786	51,09	838	54,47	890	57,85
631	41,02	683	44,40	735	47,78	787	51,16	839	54,54	891	57,92

Umsatz-(Mehrwert-)steuertabelle

Mehrwertsteuertabellen 6,5 %

Für DM	Mehr- wert- steuer DM	Für DM	Mehr- wert- steuer DM	Für DM	Mehr- wert- steuer DM	Für DM	Mehr- wert- steuer DM	Für DM	Mehr- wert- steuer DM	Für wert- DM	Mehr- steuer DM
892	57,98	910	59,15	928	60,32	946	61,49	964	62,66	982	63,83
893	58,05	911	59,22	929	60,39	947	61,56	965	62,73	983	63,90
894	58,11	912	59,28	930	60,45	948	61,62	966	62,79	984	63,96
895	58,18	913	59,35	931	60,52	949	61,69	967	62,86	985	64,03
896	58,24	914	59,41	932	60,58	950	61,75	968	62,92	986	64,09
897	58,31	915	59,48	933	60,65	951	61,82	969	62,99	987	64,16
898	58,37	916	59,54	934	60,71	952	61,88	970	63,05	988	64,22
899	58,44	917	59,61	935	60,78	953	61,95	971	63,12	989	64,29
900	58,50	918	59,67	936	60,84	954	62,01	972	63,18	990	64,35
901	58,57	919	59,74	937	60,91	955	62,08	973	63,25	991	64,42
902	58,63	920	59,80	938	60,97	956	62,14	974	63,31	992	64,48
903	58,70	921	59,87	939	61,04	957	62,21	975	63,38	993	64,55
904	58,76	922	59,93	940	61,10	958	62,27	976	63,44	994	64,61
905	58,83	923	60,00	941	61,17	959	62,34	977	63,51	995	64,68
906	58,89	924	60,06	942	61,23	960	62,40	978	63,57	996	64,74
907	58,96	925	60,13	943	61,30	961	62,47	979	63,64	997	64,81
908	59,02	926	60,19	944	61,36	962	62,53	980	63,70	998	64,87
909	59,09	927	60,26	945	61,43	963	62,60	981	63,77	999	64,94
										1000	65,00
										2000	130,00
										3000	195,00
										4000	260,00
										5000	325,00
										6000	390,00
										7000	455,00
										8000	520,00
										9000	585,00
										10000	650,00

Umsatz-(Mehrwert-)steuer-tabelle

Zwischen- und höhere Werte – auch von Pfennigbeträgen – sind durch Addition zu ermitteln.

Zum Beispiel: Für 1875,60 DM:

1000,00 DM =	65,00 DM
875,00 DM =	56,88 DM
0,60 DM =	0,04 DM
Sa.	121,92 DM

Gebührenbeträge in DM nach Anlage 1 Abschnitt A und D

A. Bürgerliche Rechtsstreitigkeiten vor den ordentlichen Gerichten außer Verfahren der Zwangsversteigerung und Zwangsverwaltung.

Nr.		DM
	Abschnitt IV Ziffer 4: Zwangsvollstreckung aus Entscheidungen, öffentlichen Urkunden und Prozeßvergleichen aus einem anderen Vertragsstaat. Gesetz vom 29. 7. 1972 – BGBl. I S. 1328 –.	
1095	Verfahren über den Antrag, den Schuldtitel mit der Vollstr. Klausel zu versehen oder festzustellen, ob die Entscheidung anzuerkennen ist	100,—
1096	Verfahren über die Beschwerde gegen die Zulassung der Zwangsvollstr., die Feststellung der Anerkennung oder die Ablehnung des Antrags	150,—
1097	Verfahren über die Rechtsbeschwerde	200,—
	Abschnitt V: Besondere Verfahren	
1109	Verfahren über Anträge auf gerichtl. Handlungen der Zwangsvollstreckung gem. § 829 Abs. 1, §§ 835, 839, 846 bis 848, 857, 858, 885 Abs. 4 oder § 886 ZPO; mehrere Verfahren innerhalb eines Rechtszuges gelten als ein Verfahren, sofern sie denselben Anspruch oder denselben Gegenstand betreffen (§ 829 Abs. 1: Pfändung von Geldforderungen; § 835: Überweisung von Geldforderungen; §§ 846–848: Herausgabeansprüche; § 857: Zwangsvollstreckung in andere Vermögensrechte, die nicht Gegenstand der Zwangsvollstreckung in das unbewegliche Vermögen sind; § 858: Zwangsvollstreckung in Schiffspart; § 885 Abs. 4: Abforderung von beweglichen Sachen bei der Herausgabe von Grundstücken oder Schiffen; § 886: Herausgabe bei Gewahrsam eines Dritten)	12,—
1110	Verfahren nach § 765a ZPO – Vollstreckungsschutz –	12,—
1111	Verfahren nach § 813a ZPO – Aussetzung der Verwertung –	12,—
1112	Bestimmung des ersten Termins in Verfahren über Anträge auf Abnahme der eidesstattlichen Versicherung einschl. der Anträge auf Erzwingung der Abgabe der eidesstattlichen Versicherung	20,—
	Abschnitt IX: Zustellungsersuchen	
1140	Ersuchen durch die Geschäftsstelle an die Post um Bewirkung einer Zustellung (§ 196 ZPO), die nicht von Amts wegen erfolgt	1,—
	und, wenn eine nicht vom Gericht hergestellte Abschrift beglaubigt wird, **je Seite**	0,50

D. Vergleichsverfahren zur Abwendung des Konkurses, Konkursverfahren, seerechtliches Verteilungsverfahren.

Nr.		DM
	Abschnitt II: Konkursverfahren	
1430	Prüfung von Forderungen in einem besonderen Prüfungstermin (§ 142 KO) je Gläubiger	15,—
	Abschnitt III: Seerechtliches Verteilungsverfahren	
1455	Prüfung von Forderungen in einem besonderen Prüfungstermin (§ 11 der Seerechtlichen Verteilungsordnung) je Gläubiger	15,—

Gerichtskosten in der streitigen Gerichtsbarkeit

nach Anlage 2 zu § 11/2 des Deutschen Gerichtskostengesetzes
vom 20. August 1975 (BGBl. I S. 2189)
in der Fassung der Bekanntmachung vom 15. Dezember 1975 (BGBl. I S. 3047)

Gültig ab 15. 9. 1975

Streitw. bis einschl. DM	1/1 DM	1 1/2 DM	2/1 DM	1/4 DM	3/10 DM	1/2 DM	6/10 DM	3/4 DM
300	15	22,50	30	10,—	10,—	10,—	10,—	11,30
400	19	28,50	38	10,—	10,—	10,—	11,40	14,30
500	23	34,50	46	10,—	10,—	11,50	13,80	17,30
600	27	40,50	54	10,—	10,—	13,50	16,20	20,30
700	30	45,—	60	10,—	10,—	15,—	18,—	22,50
800	33	49,50	66	10,—	10,—	16,50	19,80	24,80
900	36	54,—	72	10,—	10,80	18,—	21,60	27,—
1000	39	58,50	78	10,—	11,70	19,50	23,40	29,30
1100	42	63,—	84	10,50	12,60	21,—	25,20	31,50
1200	45	67,50	90	11,30	13,50	22,50	27,—	33,80
1300	48	72,—	96	12,—	14,40	24,—	28,80	36,—
1400	51	76,50	102	12,80	15,30	25,50	30,60	38,30
1500	54	81,—	108	13,50	16,20	27,—	32,40	40,50
1600	57	85,50	114	14,30	17,10	28,50	34,20	42,80
1700	60	90,—	120	15,—	18,—	30,—	36,—	45,—
1800	62	93,—	124	15,50	18,60	31,—	37,20	46,50
1900	64	96,—	128	16,—	19,20	32,—	38,40	48,—
2000	66	99,—	132	16,50	19,80	33,—	39,60	49,50
2300	71	106,50	142	17,80	21,30	35,50	42,60	53,30
2600	76	114,—	152	19,—	22,80	38,—	45,60	57,—
2900	81	121,50	162	20,30	24,30	40,50	48,60	60,80
3200	86	129,—	172	21,50	25,80	43,—	51,60	64,50
3500	91	136,50	182	22,80	27,30	45,50	54,60	68,30
3800	96	144,—	192	24,—	28,80	48,—	57,60	72,—
4100	101	151,50	202	25,30	30,30	50,50	60,60	75,80
4400	106	159,—	212	26,50	31,80	53,—	63,60	79,50
4700	111	166,50	222	27,80	33,30	55,50	66,60	83,30
5000	116	174,—	232	29,—	34,80	58,—	69,60	87,—
5400	122	183,—	244	30,50	36,60	61,—	73,20	91,50
5800	128	192,—	256	32,—	38,40	64,—	76,80	96,—

Gerichtskosten GKG

Gerichtskosten

Streitw. bis einschl. DM	1/1 DM	1 1/2 DM	2/1 DM	1/4 DM	3/10 DM	1/2 DM	6/10 DM	3/4 DM
6200	134	201,—	268	33,50	40,20	67,—	80,40	100,50
6600	140	210,—	280	35,—	42,—	70,—	84,—	105,—
7000	146	219,—	292	36,50	43,80	73,—	87,60	109,50
7400	152	228,—	304	38,—	45,60	76,—	91,20	114,—
7800	157	235,50	314	39,30	47,10	78,50	94,20	117,80
8200	162	243,—	324	40,50	48,60	81,—	97,20	121,50
8600	167	250,50	334	41,80	50,10	83,50	100,20	125,30
9000	172	258,—	344	43,—	51,60	86,—	103,20	129,—
9500	177	265,50	354	44,30	53,10	88,50	106,20	132,80
10000	182	273,—	364	45,50	54,60	91,—	109,20	136,50
11000	189	283,50	378	47,30	56,70	94,50	113,40	141,80
12000	196	294,—	392	49,—	58,80	98,—	117,60	147,—
13000	203	304,50	406	50,80	60,90	101,50	121,80	152,30
14000	210	315,—	420	52,50	63,—	105,—	126,—	157,50
15000	217	325,50	434	54,30	65,10	108,50	130,20	162,80
16000	224	336,—	448	56,—	67,20	112,—	134,40	168,—
17000	231	346,50	462	57,80	69,30	115,50	138,60	173,30
18000	238	357,—	476	59,50	71,40	119,—	142,80	178,50
19000	245	367,50	490	61,30	73,50	122,50	147,—	183,80
20000	252	378,—	504	63,—	75,60	126,—	151,20	189,—
21000	259	388,50	518	64,80	77,70	129,50	155,40	194,30
22000	266	399,—	532	66,50	79,80	133,—	159,60	199,50
23000	273	409,50	546	68,30	81,90	136,50	163,80	204,80
24000	280	420,—	560	70,—	84,—	140,—	168,—	210,—
25000	287	430,50	574	71,80	86,10	143,50	172,20	215,30
26000	294	441,—	588	73,50	88,20	147,—	176,40	220,50
27000	301	451,50	602	75,30	90,30	150,50	180,60	225,80
28000	308	462,—	616	77,—	92,40	154,—	184,80	231,—
29000	315	472,50	630	78,80	94,50	157,50	189,—	236,30
30000	322	483,—	644	80,50	96,60	161,—	193,20	241,50
31000	329	493,50	658	82,30	98,70	164,50	197,40	246,80
32000	336	504,—	672	84,—	100,80	168,—	201,60	252,—
33000	343	514,50	686	85,80	102,90	171,50	205,80	257,30
34000	350	525,—	700	87,50	105,—	175,—	210,—	262,50
35000	357	535,50	714	89,30	107,10	178,50	214,20	267,80

Gerichtskosten

Streitw. bis einschl. DM	1/1 DM	1 1/2 DM	2/1 DM	1/4 DM	3/10 DM	1/2 DM	6/10 DM	3/4 DM
36000	364	546,—	728	91,—	109,20	182,—	218,40	273,—
37000	371	556,50	742	92,80	111,30	185,50	222,60	278,30
38000	378	567,—	756	94,50	113,40	189,—	226,80	283,50
39000	385	577,50	770	96,30	115,50	192,50	231,—	288,80
40000	392	588,—	784	98,—	117,60	196,—	235,20	294,—
41000	399	598,50	798	99,80	119,70	199,50	239,40	299,30
42000	406	609,—	812	101,50	121,80	203,—	243,60	304,50
43000	413	619,50	826	103,30	123,90	206,50	247,80	309,80
44000	420	630,—	840	105,—	126,—	210,—	252,—	315,—
45000	427	640,50	854	106,80	128,10	213,50	256,20	320,30
46000	434	651,—	868	108,50	130,20	217,—	260,40	325,50
47000	441	661,50	882	110,30	132,30	220,50	264,60	330,80
48000	448	672,—	896	112,—	134,40	224,—	268,80	336,—
49000	455	682,50	910	113,80	136,50	227,50	273,—	341,30
50000	462	693,—	924	115,50	138,60	231,—	277,20	346,50
51000	469	703,50	938	117,30	140,70	234,50	281,40	351,80
52000	476	714,—	952	119,—	142,80	238,—	285,60	357,—
53000	483	724,50	966	120,80	144,90	241,50	289,80	362,30
54000	490	735,—	980	122,50	147,—	245,—	294,—	367,50
55000	497	745,50	994	124,30	149,10	248,50	298,20	372,80
56000	504	756,—	1008	126,—	151,20	252,—	302,40	378,—
57000	511	766,50	1022	127,80	153,30	255,50	306,60	383,30
58000	518	777,—	1036	129,50	155,40	259,—	310,80	388,50
59000	525	787,50	1050	131,30	157,50	262,50	315,—	393,80
60000	532	798,—	1064	133,—	159,60	266,—	319,20	399,—
61000	539	808,50	1078	134,80	161,70	269,50	323,40	404,30
62000	546	819,—	1092	136,50	163,80	273,—	327,60	409,50
63000	553	829,50	1106	138,30	165,90	276,50	331,80	414,80
64000	560	840,—	1120	140,—	168,—	280,—	336,—	420,—
65000	567	850,50	1134	141,80	170,10	283,50	340,20	425,30
66000	574	861,—	1148	143,50	172,20	287,—	344,40	430,50
67000	581	871,50	1162	145,30	174,30	290,50	348,60	435,80
68000	588	882,—	1176	147,—	176,40	294,—	352,80	441,—
69000	595	892,50	1190	148,80	178,50	297,50	357,—	446,30
70000	602	903,—	1204	150,50	180,60	301,—	361,20	451,50

Gerichtskosten

Streitw. bis einschl. DM	1/1 DM	1 1/2 DM	2/1 DM	1/4 DM	3/10 DM	1/2 DM	6/10 DM	3/4 DM
71 000	609	913,50	1 218	152,30	182,70	304,50	365,40	456,80
72 000	616	924,—	1 232	154,—	184,80	308,—	369,60	462,—
73 000	623	934,50	1 246	155,80	186,90	311,50	373,80	467,30
74 000	630	945,—	1 260	157,50	189,—	315,—	378,—	472,50
75 000	637	955,50	1 274	159,30	191,10	318,50	382,20	477,80
76 000	644	966,—	1 288	161,—	193,20	322,—	386,40	483,—
77 000	651	976,50	1 302	162,80	195,30	325,50	390,60	488,30
78 000	658	987,—	1 316	164,50	197,40	329,—	394,80	493,50
79 000	665	997,50	1 330	166,30	199,50	332,50	399,—	498,80
80 000	672	1 008,—	1 344	168,—	201,60	336,—	403,20	504,—
81 000	679	1 018,50	1 358	169,80	203,70	339,50	407,40	509,30
82 000	686	1 029,—	1 372	171,50	205,80	343,—	411,60	514,50
83 000	693	1 039,50	1 386	173,30	207,90	346,50	415,80	519,80
84 000	700	1 050,—	1 400	175,—	210,—	350,—	420,—	525,—
85 000	707	1 060,50	1 414	176,80	212,10	353,50	424,20	530,30
86 000	714	1 071,—	1 428	178,50	214,20	357,—	428,40	535,50
87 000	721	1 081,50	1 442	180,30	216,30	360,50	432,60	540,80
88 000	728	1 092,—	1 456	182,—	218,40	364,—	436,80	546,—
89 000	735	1 102,50	1 470	183,80	220,50	367,50	441,—	551,30
90 000	742	1 113,—	1 484	185,50	222,60	371,—	445,20	556,50
91 000	749	1 123,50	1 498	187,30	224,70	374,50	449,40	561,80
92 000	756	1 134,—	1 512	189,—	226,80	378,—	453,60	567,—
93 000	763	1 144,50	1 526	190,80	228,90	381,50	457,80	572,30
94 000	770	1 155,—	1 540	192,50	231,—	385,—	462,—	577,50
95 000	777	1 165,50	1 554	194,30	233,10	388,50	466,20	582,80
96 000	784	1 176,—	1 568	196,—	235,20	392,—	470,40	588,—
97 000	791	1 186,50	1 582	197,80	237,30	395,50	474,60	593,30
98 000	798	1 197,—	1 596	199,50	239,40	399,—	478,80	598,50
99 000	805	1 207,50	1 610	201,30	241,50	402,50	483,—	603,80
100 000	812	1 218,—	1 624	203,—	243,60	406,—	487,20	609,—
102 000	824	1 236,—	1 648	206,—	247,20	412,—	494,40	618,—
104 000	836	1 254,—	1 672	209,—	250,80	418,—	501,60	627,—
106 000	848	1 272,—	1 696	212,—	254,40	424,—	508,80	636,—
108 000	860	1 290,—	1 720	215,—	258,—	430,—	516,—	645,—
110 000	872	1 308,—	1 744	218,—	261,60	436,—	523,20	654,—

Gerichtskosten

Streitw. bis einschl. DM	1/1 DM	1 1/2 DM	2/1 DM	1/4 DM	3/10 DM	1/2 DM	6/10 DM	3/4 DM
112000	884	1326,—	1768	221,—	265,20	442,—	530,40	663,—
114000	896	1344,—	1792	224,—	268,80	448,—	537,60	672,—
116000	908	1362,—	1816	227,—	272,40	454,—	544,80	681,—
118000	920	1380,—	1840	230,—	276,—	460,—	552,—	690,—
120000	932	1398,—	1864	233,—	279,60	466,—	559,20	699,—
122000	944	1416,—	1888	236,—	283,20	472,—	566,40	708,—
124000	956	1434,—	1912	239,—	286,80	478,—	573,60	717,—
126000	968	1452,—	1936	242,—	290,40	484,—	580,80	726,—
128000	980	1470,—	1960	245,—	294,—	490,—	588,—	735,—
130000	992	1488,—	1984	248,—	297,60	496,—	595,20	744,—
132000	1004	1506,—	2008	251,—	301,20	502,—	602,40	753,—
134000	1016	1524,—	2032	254,—	304,80	508,—	609,60	762,—
136000	1028	1542,—	2056	257,—	308,40	514,—	616,80	771,—
138000	1040	1560,—	2080	260,—	312,—	520,—	624,—	780,—
140000	1052	1578,—	2104	263,—	315,60	526,—	631,20	789,—
142000	1064	1596,—	2128	266,—	319,20	532,—	638,40	798,—
144000	1076	1614,—	2152	269,—	322,80	538,—	645,60	807,—
146000	1088	1632,—	2176	272,—	326,40	544,—	652,80	816,—
148000	1100	1650,—	2200	275,—	330,—	550,—	660,—	825,—
150000	1112	1668,—	2224	278,—	333,60	556,—	667,20	834,—
152000	1124	1686,—	2248	281,—	337,20	562,—	674,40	843,—
154000	1136	1704,—	2272	284,—	340,80	568,—	681,60	852,—
156000	1148	1722,—	2296	287,—	344,40	574,—	688,80	861,—
158000	1160	1740,—	2320	290,—	348,—	580,—	696,—	870,—
160000	1172	1758,—	2344	293,—	351,60	586,—	703,20	879,—
162000	1184	1776,—	2368	296,—	355,20	592,—	710,40	888,—
164000	1196	1794,—	2392	299,—	358,80	598,—	717,60	897,—
166000	1208	1812,—	2416	302,—	362,40	604,—	724,80	906,—
168000	1220	1830,—	2440	305,—	366,—	610,—	732,—	915,—
170000	1232	1848,—	2464	308,—	369,60	616,—	739,20	924,—
172000	1244	1866,—	2488	311,—	373,20	622,—	746,40	933,—
174000	1256	1884,—	2512	314,—	376,80	628,—	753,60	942,—
176000	1268	1902,—	2536	317,—	380,40	634,—	760,80	951,—
178000	1280	1920,—	2560	320,—	384,—	640,—	768,—	960,—
180000	1292	2938,—	2584	323,—	387,60	646,—	775,20	969,—

Gerichtskosten

Streitw. bis einschl. DM	1/1 DM	1 1/2 DM	2/1 DM	1/4 DM	3/10 DM	1/2 DM	6/10 DM	3/4 DM
182000	1304	1956,—	2608	326,—	391,20	652,—	782,40	978,—
184000	1316	1974,—	2632	329,—	394,80	658,—	789,60	987,—
186000	1328	1992,—	2656	332,—	398,40	664,—	796,80	996,—
188000	1340	2010,—	2680	335,—	402,—	670,—	804,—	1005,—
190000	1352	2028,—	2704	338,—	405,60	676,—	811,20	1014,—
192000	1364	2046,—	2728	341,—	409,20	682,—	818,40	1023,—
194000	1376	2064,—	2752	344,—	412,80	688,—	825,60	1032,—
196000	1388	2082,—	2776	347,—	416,40	694,—	832,80	1041,—
198000	1400	2100,—	2800	350,—	420,—	700,—	840,—	1050,—
200000	1412	2118,—	2824	353,—	423,60	706,—	847,20	1059,—
202000	1424	2136,—	2848	356,—	427,20	712,—	854,40	1068,—
204000	1436	2154,—	2872	359,—	430,80	718,—	861,60	1077,—
206000	1448	2172,—	2896	362,—	434,40	724,—	868,80	1086,—
208000	1460	2190,—	2920	365,—	438,—	730,—	876,—	1095,—
210000	1472	2208,—	2944	368,—	441,60	736,—	883,20	1104,—
212000	1484	2226,—	2968	371,—	445,20	742,—	890,40	1113,—
214000	1496	2244,—	2992	374,—	448,80	748,—	897,60	1122,—
216000	1508	2262,—	3016	377,—	452,40	754,—	904,80	1131,—
218000	1520	2280,—	3040	380,—	456,—	760,—	912,—	1140,—
220000	1532	2298,—	3064	383,—	459,60	766,—	919,20	1149,—
222000	1544	2316,—	3088	386,—	463,20	772,—	926,40	1158,—
224000	1556	2334,—	3112	389,—	466,80	778,—	933,60	1167,—
226000	1568	2352,—	3136	392,—	470,40	784,—	940,80	1176,—
228000	1580	2370,—	3160	395,—	474,—	790,—	948,—	1185,—
230000	1592	2388,—	3184	398,—	477,60	796,—	955,20	1194,—
232000	1604	2406,—	3208	401,—	481,20	802,—	962,40	1203,—
234000	1616	2424,—	3232	404,—	484,80	808,—	969,60	1212,—
236000	1628	2442,—	3256	407,—	488,40	814,—	976,80	1221,—
238000	1640	2460,—	3280	410,—	492,—	820,—	984,—	1230,—
240000	1652	2478,—	3304	413,—	495,60	826,—	991,20	1239,—
242000	1664	2496,—	3328	416,—	499,20	832,—	998,40	1248,—
244000	1676	2514,—	3352	419,—	502,80	838,—	1005,60	1257,—
246000	1688	2532,—	3376	422,—	506,40	844,—	1012,80	1266,—
248000	1700	2550,—	3400	425,—	510,—	850,—	1020,—	1275,—
250000	1712	2568,—	3424	428,—	513,60	856,—	1027,20	1284,—

Gerichtskosten

Streitw. bis einschl. DM	1/1 DM	1 1/2 DM	2/1 DM	1/4 DM	3/10 DM	1/2 DM	6/10 DM	3/4 DM
252000	1724	2586,—	3448	431,—	517,20	862,—	1034,40	1293,—
254000	1736	2604,—	3472	434,—	520,80	868,—	1041,60	1302,—
256000	1748	2622,—	3496	437,—	524,40	874,—	1048,80	1311,—
258000	1760	2640,—	3520	440,—	528,—	880,—	1056,—	1320,—
260000	1772	2658,—	3544	443,—	531,60	886,—	1063,20	1329,—
262000	1784	2676,—	3568	446,—	535,20	892,—	1070,40	1338,—
264000	1796	2694,—	3592	449,—	538,80	898,—	1077,60	1347,—
266000	1808	2712,—	3616	452,—	542,40	904,—	1084,80	1356,—
268000	1820	2730,—	3640	455,—	546,—	910,—	1092,—	1365,—
270000	1832	2748,—	3664	458,—	549,60	916,—	1099,20	1374,—
272000	1844	2766,—	3688	461,—	553,20	922,—	1106,40	1383,—
274000	1856	2784,—	3712	464,—	556,80	928,—	1113,60	1392,—
276000	1868	2802,—	3736	467,—	560,40	934,—	1120,80	1401,—
278000	1880	2820,—	3760	470,—	564,—	940,—	1128,—	1410,—
280000	1892	2838,—	3784	473,—	567,60	946,—	1135,20	1419,—
282000	1904	2856,—	3808	476,—	571,20	952,—	1142,40	1428,—
284000	1916	2874,—	3832	479,—	574,80	958,—	1149,60	1437,—
286000	1928	2892,—	3856	482,—	578,40	964,—	1156,80	1446,—
288000	1940	2910,—	3880	485,—	582,—	970,—	1164,—	1455,—
290000	1952	2928,—	3904	488,—	585,60	976,—	1171,20	1464,—
292000	1964	2946,—	3928	491,—	589,20	982,—	1178,40	1473,—
294000	1976	2964,—	3952	494,—	592,80	988,—	1185,60	1482,—
296000	1988	2982,—	3976	497,—	596,40	994,—	1192,80	1491,—
298000	2000	3000,—	4000	500,—	600,—	1000,—	1200,—	1500,—
300000	2012	3018,—	4024	503,—	603,60	1006,—	1207,20	1509,—
302000	2024	3036,—	4048	506,—	607,20	1012,—	1214,40	1518,—
304000	2036	3054,—	4072	509,—	610,80	1018,—	1221,60	1527,—
306000	2048	3072,—	4096	512,—	614,40	1024,—	1228,80	1536,—
308000	2060	3090,—	4120	515,—	618,—	1030,—	1236,—	1545,—
310000	2072	3108,—	4144	518,—	621,60	1036,—	1243,20	1554,—
312000	2084	3126,—	4168	521,—	625,20	1042,—	1250,40	1563,—
314000	2096	3144,—	4192	524,—	628,80	1048,—	1257,60	1572,—
316000	2108	3162,—	4216	527,—	632,40	1054,—	1264,80	1581,—
318000	2120	3180,—	4240	530,—	636,—	1060,—	1272,—	1590,—
320000	2132	3198,—	4264	533,—	639,60	1066,—	1279,20	1599,—

Gerichtskosten

Streitw. bis einschl. DM	1/1 DM	1 1/2 DM	2/1 DM	1/4 DM	3/10 DM	1/2 DM	6/10 DM	3/4 DM
322000	2144	3216,—	4288	536,—	643,20	1072,—	1286,40	1608,—
324000	2156	3234,—	4312	539,—	646,80	1078,—	1293,60	1617,—
326000	2168	3252,—	4336	542,—	650,40	1084,—	1300,80	1626,—
328000	2180	3270,—	4360	545,—	654,—	1090,—	1308,—	1635,—
330000	2192	3288,—	4384	548,—	657,60	1096,—	1315,20	1644,—
332000	2204	3306,—	4408	551,—	661,20	1102,—	1322,40	1653,—
334000	2216	3324,—	4432	554,—	664,80	1108,—	1329,60	1662,—
336000	2228	3342,—	4456	557,—	668,40	1114,—	1336,80	1671,—
338000	2240	3360,—	4480	560,—	672,—	1120,—	1344,—	1680,—
340000	2252	3378,—	4504	563,—	675,60	1126,—	1351,20	1689,—
342000	2264	3396,—	4528	566,—	679,20	1132,—	1358,40	1698,—
344000	2276	3414,—	4552	569,—	682,80	1138,—	1365,60	1707,—
346000	2288	3432,—	4576	572,—	686,40	1144,—	1372,80	1716,—
348000	2300	3450,—	4600	575,—	690,—	1150,—	1380,—	1725,—
350000	2312	3468,—	4624	578,—	693,60	1156,—	1387,20	1734,—
352000	2324	3486,—	4648	581,—	697,20	1162,—	1394,40	1743,—
354000	2336	3504,—	4672	584,—	700,80	1168,—	1401,60	1752,—
356000	2348	3522,—	4696	587,—	704,40	1174,—	1408,80	1761,—
358000	2360	3540,—	4720	590,—	708,—	1180,—	1416,—	1770,—
360000	2372	3558,—	4744	593,—	711,60	1186,—	1423,20	1779,—
362000	2384	3576,—	4768	596,—	715,20	1192,—	1430,40	1788,—
364000	2396	3594,—	4792	599,—	718,80	1198,—	1437,60	1797,—
366000	2408	3612,—	4816	602,—	722,40	1204,—	1444,80	1806,—
368000	2420	3630,—	4840	605,—	726,—	1210,—	1452,—	1815,—
370000	2432	3648,—	4864	608,—	729,60	1216,—	1459,20	1824,—
372000	2444	3666,—	4888	611,—	733,20	1222,—	1466,40	1833,—
374000	2456	3684,—	4912	614,—	736,80	1228,—	1473,60	1842,—
376000	2468	3702,—	4936	617,—	740,40	1234,—	1480,80	1851,—
378000	2480	3720,—	4960	620,—	744,—	1240,—	1488,—	1860,—
380000	2492	3738,—	4984	623,—	747,60	1246,—	1492,20	1869,—
382000	2504	3756,—	5008	626,—	751,20	1252,—	1502,40	1878,—
384000	2516	3774,—	5032	629,—	754,80	1258,—	1509,60	1887,—
386000	2528	3792,—	5056	632,—	758,40	1264,—	1516,80	1896,—
388000	2540	3810,—	5080	635,—	762,—	1270,—	1524,—	1905,—
390000	2552	3828,—	5104	638,—	765,60	1276,—	1531,20	1914,—

Gerichtskosten

Streitw. bis einschl. DM	1/1 DM	1 1/2 DM	2/1 DM	1/4 DM	3/10 DM	1/2 DM	6/10 DM	3/4 DM
392000	2564	3846,—	5128	641,—	769,20	1282,—	1538,40	1923,—
394000	2576	3864,—	5152	644,—	772,80	1288,—	1545,60	1932,—
396000	2588	3882,—	5176	647,—	776,40	1294,—	1552,80	1941,—
398000	2600	3900,—	5200	650,—	780,—	1300,—	1560,—	1950,—
400000	2612	3918,—	5224	653,—	783,60	1306,—	1567,20	1959,—
402000	2624	3936,—	5248	656,—	787,20	1312,—	1574,40	1968,—
404000	2636	3954,—	5272	659,—	790,80	1318,—	1581,60	1977,—
406000	2648	3972,—	5296	662,—	794,40	1324,—	1588,80	1986,—
408000	2660	3990,—	5320	665,—	798,—	1330,—	1596,—	1995,—
410000	2672	4008,—	5344	668,—	801,60	1336,—	1603,20	2004,—
412000	2684	4026,—	5368	671,—	805,20	1342,—	1610,40	2013,—
414000	2696	4044,—	5392	674,—	808,80	1348,—	1617,60	2022,—
416000	2708	4062,—	5416	677,—	812,40	1354,—	1624,80	2031,—
418000	2720	4080,—	5440	680,—	816,—	1360,—	1632,—	2040,—
420000	2732	4098,—	5464	683,—	819,60	1366,—	1639,20	2049,—
422000	2744	4116,—	5488	686,—	823,20	1372,—	1646,40	2058,—
424000	2756	4124,—	5512	689,—	826,80	1378,—	1653,60	2067,—
426000	2768	4152,—	5536	692,—	830,40	1384,—	1660,80	2076,—
428000	2780	4170,—	5560	695,—	834,—	1390,—	1668,—	2085,—
430000	2792	4188,—	5584	698,—	837,60	1396,—	1675,20	2094,—
432000	2804	4206,—	5608	701,—	841,20	1402,—	1682,40	2103,—
434000	2816	4224,—	5632	704,—	844,80	1408,—	1689,60	2112,—
436000	2828	4242,—	5656	707,—	848,40	1414,—	1696,80	2121,—
438000	2840	4260,—	5680	710,—	852,—	1420,—	1704,—	2130,—
440000	2852	4278,—	5704	713,—	855,60	1426,—	1711,20	2139,—
442000	2864	4296,—	5728	716,—	859,20	1432,—	1718,40	2148,—
444000	2876	4314,—	5752	719,—	862,80	1438,—	1725,60	2157,—
446000	2888	4332,—	5776	722,—	866,40	1444,—	1732,80	2166,—
448000	2900	4350,—	5800	725,—	870,—	1450,—	1740,—	2175,—
450000	2912	4368,—	5824	728,—	873,60	1456,—	1747,20	2184,—
452000	2924	4386,—	5848	731,—	877,20	1462,—	1754,40	2193,—
454000	2936	4404,—	5872	734,—	880,80	1468,—	1761,60	2202,—
456000	2948	4422,—	5896	737,—	884,40	1474,—	1768,80	2211,—
458000	2960	4440,—	5920	740,—	888,—	1480,—	1776,—	2220,—
460000	2972	4458,—	5944	743,—	891,60	1486,—	1783,20	2229,—

Gerichts-kosten GKG

Gerichtskosten

Streitw. bis einschl. DM	1/1 DM	1 1/2 DM	2/1 DM	1/4 DM	3/10 DM	1/2 DM	6/10 DM	3/4 DM
462000	2984	4476,—	5968	746,—	895,20	1492,—	1790,40	2238,—
464000	2996	4494,—	5992	749,—	898,80	1498,—	1797,60	2247,—
466000	3008	4512,—	6016	752,—	902,40	1504,—	1804,80	2256,—
468000	3020	4530,—	6040	755,—	906,—	1510,—	1812,—	2265,—
470000	3032	4548,—	6064	758,—	909,60	1516,—	1819,20	2274,—
472000	3044	4566,—	6088	761,—	913,20	1522,—	1826,40	2283,—
474000	3056	4584,—	6112	764,—	916,80	1528,—	1833,60	2292,—
476000	3068	4602,—	6136	767,—	920,40	1534,—	1840,80	2301,—
478000	3080	4620,—	6160	770,—	924,—	1540,—	1848,—	2310,—
480000	3092	4638,—	6184	773,—	927,60	1546,—	1855,20	2319,—
482000	3104	4656,—	6208	776,—	931,20	1552,—	1862,40	2338,—
484000	3116	4674,—	6232	779,—	934,80	1558,—	1869,60	2337,—
486000	3128	4692,—	6256	782,—	938,40	1564,—	1876,80	2346,—
488000	3140	4710,—	6280	785,—	942,—	1570,—	1884,—	2355,—
490000	3152	4728,—	6304	788,—	945,60	1576,—	1891,20	2364,—
492000	3164	4746,—	6328	791,—	949,20	1582,—	1898,40	2373,—
494000	3176	4764,—	6352	794,—	952,80	1588,—	1905,60	2382,—
496000	3188	4782,—	6376	797,—	956,40	1594,—	1912,80	2391,—
498000	3200	4800,—	6400	800,—	960,—	1600,—	1920,—	2400,—
500000	3212	4818,—	6424	803,—	963,60	1606,—	1927,20	2409,—

bei Werten darüber bis 1 Million:

steigend für je 2000 DM 1/1 Gebühr um 12 DM
(von dem auf volle 2000 DM aufgerundeten Wert)

oder

	0,6 % + 212	0,9 % + 318	1,2 % + 424	0,15 % + 53	0,18 % + 63,60	0,3 % + 106	0,36 % + 127,20	0,45 % + 159
z. B. 623592 = 640000	3956	5934	7912	989	1186,80	1978	2373,60	2967
1 Million	6212	9318	12424	1553	1863,60	3106	3727,20	4659

Gerichtskosten GKG

bei Werten über 1 Million:

steigend für je 5000 DM 1/1 Gebühr um 15 DM
(von dem auf volle 5000 DM aufgerundeten Wert)

oder

	0,3 % + 3212	0,45 % + 4818	0,6 % + 6424	0,075 % + 803	0,09 % + 963,60	0,15 % + 1606	0,18 % + 1927,20	0,225 % + 2409
z. B. 1359000 = 1360000	7292	10938	14584	1823	2187,60	3646	4375,20	5469

Gebühren in Strafsachen, Privatklagen und im gerichtlichen Verfahren nach dem Gesetz über Ordnungswidrigkeiten

Auszug aus Anl. 1 zum GKG Abschnitt F und G, Nr. 1600 bis 1773

F. Die Gebühren in Strafsachen und Privatklagen betragen für jeden Rechtszug:

Nr.		
1600, 1602	Bei Verurteilung zu Freiheitsstrafe	
1604, 1640	bis zu 3 Monaten	50 DM
1641, 1645	von mehr als 3 Monaten bis zu 6 Monaten	100 DM
	von mehr als 6 Monaten bis zu 2 Jahren	200 DM
	von mehr als 2 Jahren	300 DM
	bei Verurteilung zu Geldstrafe oder Verwarnung mit Strafvorbehalt	
	bis zu 90 Tagessätzen	50 DM
	von mehr als 90 Tagessätzen bis zu 180 Tagessätzen	100 DM
	von mehr als 180 Tagessätzen	200 DM
	bei Anordnung einer Maßregel der Besserung und Sicherung	50 DM
	Die Gebühr darf den Betrag der Strafe nicht übersteigen. Die Mindestgebühr gilt insoweit nicht.	
1601	Bei Strafbefehlen der vorgenannten Beträge, es sei denn, daß nach Einspruch durch Urteil entschieden wird.	1/2
	Privatklage, wenn der Beschuldigte nicht verurteilt worden, das Verfahren auch nicht wegen Geringfügigkeit eingestellt worden ist.	
	a. Verfahren im ersten Rechtszug	
1650	Hauptverhandlung mit Urteil	80 DM
1651	Erledigung des Verfahrens ohne Urteil	20 DM
	b. Berufungsverfahren	
1652	Berufungsverfahren mit Urteil, wenn der Privatkläger die Berufung eingelegt hat	80 DM
1653	Erledigung der Berufung des Privatklägers ohne Urteil	20 DM
	c. Revisionsverfahren	
1654	Revisionsverfahren mit Urteil, wenn der Privatkläger die Revision eingelegt hat	80 DM
1655	Erledigung der Revision des Privatklägers ohne Urteil mit Ausnahme der Zurücknahme der Revision vor Ablauf der Begründungsfrist	20 DM

G. **Gebühren im gerichtlichen Verfahren nach dem Gesetz über Ordnungswidrigkeiten:**

Nr.		
	I. Festsetzung einer Geldbuße nach Einspruch	
1700	Verfahren im ersten Rechtszug	10 % des Betrages der Geldbuße, höchstens 20000 DM
1710	Rechtsbeschwerdeverfahren mit Urteil oder Beschluß nach § 79 Abs. 5 OWiG	die zu F aufgeführten Beträge, wenn vom Gericht nicht anders bestimmt (§ 433 StPO i. V. m. § 46/1 OWiG)
1711	Erledigung der Rechtsbeschwerde ohne Urteil oder Beschluß nach § 79/5 OWiG mit Ausnahme der Zurücknahme der Rechtsbeschwerde vor Ablauf der Begründungsfrist	1/4 der zu F aufgeführten Beträge, höchstens 5000 DM
	II. Verfahren nach Einspruch ohne Sachentscheidung	
1720	Zurücknahme oder Verwerfung des Einspruchs nach Beginn der Hauptverhandlung	1/2 der zu F aufgeführten Beträge, höchstens 10 000 DM

Die Gebühr darf den Betrag der Buße nicht übersteigen.
Die Mindestgebühr gilt insoweit nicht.

* Der Auszug enthält nur die gebräuchlichsten Gebührenbestimmungen. Im übrigen wird auf die Anlage 1 zum GKG verwiesen.

Einige wichtige Bestimmungen

1. **Amtsgerichte** sind zuständig bis 3000 DM einschl. (§ 23 GVG)
   Zwangshypothek von 500 DM an (§ 866/3 ZPO).

2. **Berufungsmindestgrenze** (§ 511 a ZPO) .... mehr als 500 DM
   Berufungsmindestgrenze gegen Entscheidungen der Arbeitsgerichte (§ 64 ArbGerGes) .... mehr als 300 DM
   Revisionsmindestgrenze (§ 546 ZPO) .... mehr als 40 000 DM

   Beschwerdemindestgrenze gegen Kostenentscheidungen einschl. Beschlüsse nach § 91a und § 99 ZPO (§ 567/2 ZPO) .... mehr als 100 DM

3. **Vorläufig vollstreckbar** ohne Sicherheitsleistung (§ 708/11 ZPO) Urteile bis 1500 DM einschl., auch alle Versäumnis- und Anerkenntnisurteile (§ 708 ZPO).

4. **Wertberechnung nach GKG.** Für die Gebührenberechnung ist der Wert
   a) bei Streitigkeiten über gesetzliche Unterhaltspflicht der beanspruchte einjährige Unterhaltsbetrag,
   b) bei Ansprüchen auf Geldrente wegen Tötung oder Verletzung des Körpers oder der Gesundheit eines Menschen der fünffache Jahresbetrag,
   c) bei Ansprüchen aus wiederkehrende Leistungen aus einem öffentlich-rechtlichen Dienst- oder Amtsverhältnis, einer Dienstpflicht oder einer Tätigkeit, die anstelle einer gesetzlichen Dienstpflicht geleistet werden kann, sowie bei Ansprüchen von Arbeitnehmern auf wiederkehrende Leistungen der dreifache Jahresbetrag,

   falls nicht der Gesamtbetrag der geforderten Leistungen geringer ist; Rückstände aus der Zeit vor der Einreichung der Klage werden dem Streitwert hinzugerechnet (§ 17 GKG).
   d) bei Miet- und Pachtstreitigkeiten, wenn das Bestehen oder die Dauer streitig ist, der Mietzins der streitigen Mietzeit, höchstens der einjährige Mietzins; wenn wegen Beendigung des Miet- oder Pachtverhältnisses die Räumung verlangt wird, der einjährige Mietzins, ohne Rücksicht darauf, ob über das Bestehen des Nutzungsverhältnisses Streit besteht (§ 16 GKG);
   e) bei nichtvermögensrechtlichen Streitigkeiten nach Ermessen zu bestimmen, jedoch nicht über 2 Millionen, nicht unter 600 DM (§ 12/2 GKG);
   f) in Ehesachen ist für die Einkommensverhältnisse das in drei Monaten erzielte Nettoeinkommen der Eheleute einzusetzen. In Kindschaftssachen ist von einem Wert von 4000 DM auszugehen, in einer Scheidungsfolgesache nach § 623 Abs. 1, 4, § 621 Abs. 1 Nr. 1, 2 oder 3 ZPO von 1500 DM. In Ehesachen beträgt der Streitwert nicht unter 4000 DM (§ 12/2 GKG).
   g) Im Verfahren über den Versorgungsausgleich sind maßgebend
      1. in den Fällen des § 1587b BGB der Jahresbetrag der Rente, die den zu übertragenden oder zu begründenden Rentenanwartschaften entspricht, mindestens jedoch 1000 DM,
      2. im Falle des § 1587g Abs. 1 BGB der Jahresbetrag der Geldrente, mindestens jedoch 1000 DM.

Gebühren der Arbeitsgerichte

nach § 12 Abs. 2 des Arbeitsgerichtsgesetzes i. d. Fassung des Gesetzes vom 20. August 1975 (BGBl. I S. 2189)

Teil I: I. Instanz (Arbeitsgerichte)

Gültig ab 15. September 1975

Streitwert bis einschl. DM	10/10 DM	5/10 DM	Streitwert bis einschl. DM	10/10 DM	5/10 DM
100	3	3,—	3100	93	46,50
200	6	3,—	3200	96	48,—
300	9	4,50	3300	99	49,50
400	12	6,—	3400	102	51,—
500	15	7,50	3500	105	52,50
600	18	9,—	3600	108	54,—
700	21	10,50	3700	111	55,50
800	24	12,—	3800	114	57,—
900	27	13,50	3900	117	58,50
1000	30	15,—	4000	120	60,—
1100	33	16,50	4100	123	61,50
1200	36	18,—	4200	126	63,—
1300	39	19,50	4300	129	64,50
1400	42	21,—	4400	132	66,—
1500	45	22,50	4500	135	67,50
1600	48	24,—	4600	138	69,—
1700	51	25,50	4700	141	70,50
1800	54	27,—	4800	144	72,—
1900	57	28,50	4900	147	73,50
2000	60	30,—	5000	150	75,—
2100	63	31,50	5100	153	76,50
2200	66	33,—	5200	156	78,—
2300	69	34,50	5300	159	79,50
2400	72	36,—	5400	162	81,—
2500	75	37,50	5500	165	82,50
2600	78	39,—	5600	168	84,—
2700	81	40,50	5700	171	85,50
2800	84	42,—	5800	174	87,—
2900	87	43,50	5900	177	88,50
3000	90	45,—	6000	180	90,—

Arbeitsgerichte (I. Instanz)

Streitwert bis einschl. DM	10/10 DM	5/10 DM	Streitwert bis einschl. DM	10/10 DM	5/10 DM
6100	183	91,50	9600	288	144,—
6200	186	93,—	9700	291	145,50
6300	189	94,50	9800	294	147,—
6400	192	96,—	9900	297	148,50
6500	195	97,50	10000	300	150,—
6600	198	99,—	10100	303	151,50
6700	201	100,50	10200	306	153,—
6800	204	102,—	10300	309	154,40
6900	207	103,50	10400	312	156,—
7000	210	105,—	10500	315	157,50
7100	213	106,50	10600	318	159,—
7200	216	108,—	10700	321	160,50
7300	219	109,50	10800	324	162,—
7400	222	111,—	10900	327	163,50
7500	225	112,50	11000	330	165,—
7600	228	114,—	11100	333	166,50
7700	231	115,50	11200	336	168,—
7800	234	117,—	11300	339	169,50
7900	237	118,50	11400	342	171,—
8000	240	120,—	11500	345	172,50
8100	243	121,50	11600	348	174,—
8200	246	123,—	11700	351	175,50
8300	249	124,50	11800	354	177,—
8400	252	126,—	11900	357	178,50
8500	255	127,50	12000	360	180,—
8600	258	129,—	12100	363	181,50
8700	261	130,50	12200	366	183,—
8800	264	132,—	12300	369	184,50
8900	267	133,50	12400	372	186,—
9000	270	135,—	12500	375	187,50
9100	273	136,50	12600	378	189,—
9200	276	138,—	12700	381	190,50
9300	279	139,50	12800	384	192,—
9400	282	141,—	12900	387	193,50
9500	285	142,50	13000	390	195,—

Gebühren der Arbeitsgerichte

Arbeitsgerichte (I. Instanz)

Streitwert bis einschl. DM	10/10 DM	5/10 DM	Streitwert bis einschl. DM	10/10 DM	5/10 DM
13100	393	196,50	15100	453	226,50
13200	396	198,—	15200	456	228,—
13300	399	199,50	15300	459	229,50
13400	402	201,—	15400	462	231,—
13500	405	202,50	15500	465	232,50
13600	408	204,—	15600	468	234,—
13700	411	205,50	15700	471	235,50
13800	414	207,—	15800	474	237,—
13900	417	208,50	15900	477	238,50
14000	420	210,—	16000	480	240,—
14100	423	211,50	16100	483	241,50
14200	426	213,—	16200	486	243,—
14300	429	214,50	16300	489	244,50
14400	432	216,—	16400	492	246,—
14500	435	217,50	16500	495	247,50
14600	438	219,—	16600	498	249,—
14700	441	220,50	über		
14800	444	222,—	16600	500	250,—
14900	447	223,50		(Höchstgebühren!)	
15000	450	225,—			

Gebühren der Arbeitsgerichte

Gebühren der Arbeitsgerichte

nach § 12 Abs. 3 des Arbeitsgerichtsgesetzes i. d. Fassung des Gesetzes vom 20. August 1975 (BGBl. I. S. 2189)

Gültig ab 15. September 1975

Teil II: Verfahren vor dem Landes- u. Bundesarbeitsgericht

Wert bis einschl. DM	16/10 DM	12/10 DM	8/10 DM	6/10 DM	4/10 DM	2/10 DM
300	24,—	18,—	12,—	10,—	10,—	10,—
400	30,40	22,80	15,20	11,40	10,—	10,—
500	36,80	27,60	18,40	13,80	10,—	10,—
600	43,20	32,40	21,60	16,20	10,80	10,—
700	48,—	36,—	24,—	18,—	12,—	10,—
800	52,80	39,60	26,40	19,80	13,20	10,—
900	57,60	43,20	28,80	21,60	14,40	10,—
1000	62,40	46,80	31,20	23,40	15,60	10,—
1100	67,20	50,40	33,60	25,20	16,80	10,—
1200	72,—	54,—	36,—	27,—	18,—	10,—
1300	76,80	57,60	38,40	28,80	19,20	10,—
1400	81,60	61,20	40,80	30,60	20,40	10,20
1500	86,40	64,80	43,20	32,40	21,60	10,80
1600	91,20	68,40	45,60	34,20	22,80	11,40
1700	96,—	72,—	48,—	36,—	24,—	12,—
1800	99,20	74,40	49,60	37,20	24,80	12,40
1900	102,40	76,80	51,20	38,40	25,60	12,80
2000	105,60	79,20	52,80	39,60	26,40	13,20
2300	113,60	85,20	56,80	42,60	28,40	14,20
2600	121,60	91,20	60,80	45,60	30,40	15,20
2900	129,60	97,20	64,80	48,60	32,40	16,20
3200	137,60	103,20	68,80	51,60	34,40	17,20
3500	145,60	109,20	72,80	54,60	36,40	18,20
3800	153,60	115,20	76,80	57,60	38,40	19,20
4100	161,60	121,20	80,80	60,60	40,40	20,20
4400	169,60	127,20	84,80	63,60	42,40	21,20
4700	177,60	133,20	88,80	66,60	44,40	22,20
5000	185,60	139,20	92,80	69,60	46,40	23,20
5400	195,20	146,40	97,60	73,20	48,80	24,40
5800	204,80	153,60	102,40	76,80	51,20	25,60

Arbeitsgerichte (Verfahren vor dem Landes- u. Bundesarbeitsgericht)

Wert bis einschl. DM	16/10 DM	12/10 DM	8/10 DM	6/10 DM	4/10 DM	2/10 DM
6200	214,40	160,80	107,20	80,40	53,60	26,80
6600	224,—	168,—	112,—	84,—	56,—	28,—
7000	233,60	175,20	116,80	87,60	58,40	29,20
7400	243,20	182,40	121,60	91,20	60,80	30,40
7800	251,20	188,40	125,60	94,20	62,80	31,40
8200	259,20	194,40	129,60	97,20	64,80	32,40
8600	267,20	200,40	133,60	100,20	66,80	33,40
9000	275,20	206,40	137,60	103,20	68,80	34,40
9500	283,20	212,40	141,60	106,20	70,80	35,40
10000	291,20	218,40	145,60	109,20	72,80	36,40
11000	302,40	226,80	151,20	113,40	75,60	37,80
12000	313,60	235,20	156,80	117,60	78,40	39,20
13000	324,80	243,60	162,40	121,80	81,20	40,60
14000	336,—	252,—	168,—	126,—	84,—	42,—
15000	347,20	260,40	173,60	130,20	86,80	43,40
16000	358,40	268,80	179,20	134,40	89,60	44,80
17000	369,60	277,20	184,80	138,60	92,40	46,20
18000	380,80	285,60	190,40	142,80	95,20	47,60
19000	392,—	294,—	196,—	147,—	98,—	49,—
20000	403,20	302,40	201,60	151,20	100,80	50,40
21000	414,40	310,80	207,20	155,40	103,60	51,80
22000	425,60	319,20	212,80	159,60	106,40	53,20
23000	436,80	327,60	218,40	163,80	109,20	54,60
24000	448,—	336,—	224,—	168,—	112,—	56,—
25000	459,20	344,40	229,60	172,20	114,80	57,40
26000	470,40	352,80	235,20	176,40	117,60	58,80
27000	481,60	361,20	240,80	180,60	120,40	60,20
28000	492,80	369,60	246,40	184,80	123,20	61,60
29000	504,—	378,—	252,—	189,—	126,—	63,—
30000	515,20	386,40	257,60	193,20	128,80	64,40
31000	526,40	394,80	263,20	197,40	131,60	65,80
32000	537,60	403,20	268,80	201,60	134,40	67,20
33000	548,80	411,60	274,40	205,80	137,20	68,60
34000	560,—	420,—	280,—	210,—	140,—	70,—
35000	571,20	428,40	285,60	214,20	142,80	71,40

Arbeitsgerichte (Verfahren vor dem Landes- u. Bundesarbeitsgericht)

Wert bis einschl. DM	16/10 DM	12/10 DM	8/10 DM	6/10 DM	4/10 DM	2/10 DM
36000	582,40	436,80	291,20	218,40	145,60	72,80
37000	593,60	445,20	296,80	222,60	148,40	74,20
38000	604,80	453,60	302,40	226,80	151,20	75,60
39000	616,—	462,—	308,—	231,—	154,—	77,—
40000	627,20	470,40	313,60	235,20	156,80	78,40
41000	638,40	478,80	319,20	239,40	159,60	79,80
42000	649,60	487,20	324,80	243,60	162,40	81,20
43000	660,80	495,60	330,40	247,80	165,20	82,60
44000	672,—	504,—	336,—	252,—	168,—	84,—
45000	683,20	512,40	341,60	256,20	170,80	85,40
46000	694,40	520,80	347,20	260,40	173,60	86,80
47000	705,60	529,20	352,80	264,60	176,40	88,20
48000	716,80	537,60	358,40	268,80	179,20	89,60
49000	728,—	546,—	364,—	273,—	182,—	91,—
50000	739,20	554,40	369,60	277,20	184,80	92,40
51000	750,40	562,80	375,20	281,40	187,60	93,80
52000	761,60	571,20	380,80	285,60	190,40	95,20
53000	772,80	579,60	386,40	289,80	193,20	96,60
54000	784,—	588,—	392,—	294,—	196,—	98,—
55000	795,20	596,40	397,60	298,20	198,80	99,40
56000	806,40	604,80	403,20	302,40	201,60	100,80
57000	817,60	613,20	408,80	306,60	204,40	102,20
58000	828,80	621,60	414,40	310,80	207,20	103,60
59000	840,—	630,—	420,—	315,—	210,—	105,—
60000	851,20	638,40	425,60	319,20	212,80	106,40
61000	862,40	646,80	431,20	323,40	215,60	107,80
62000	873,60	655,20	436,80	327,60	218,40	109,20
63000	884,80	663,60	442,40	331,80	221,20	110,60
64000	896,—	672,—	448,—	336,—	224,—	112,—
65000	907,20	680,40	453,60	340,20	226,80	113,40
66000	918,40	688,80	459,20	344,40	229,60	114,80
67000	929,60	697,20	464,80	348,60	232,40	116,20
68000	940,80	705,60	470,40	352,80	235,20	117,60
69000	952,—	714,—	476,—	357,—	238,—	119,—
70000	963,20	722,40	481,60	361,20	240,80	120,40

Arbeitsgerichte (Verfahren vor dem Landes- u. Bundesarbeitsgericht)

Wert bis einschl. DM	16/10 DM	12/10 DM	8/10 DM	6/10 DM	4/10 DM	2/10 DM
71000	974,40	730,80	487,20	365,40	243,60	121,80
72000	985,60	739,20	492,80	369,60	246,40	123,20
73000	996,80	747,60	498,40	373,80	249,20	124,60
74000	1008,—	756,—	504,—	378,—	252,—	126,—
75000	1019,20	764,40	509,60	382,20	254,80	127,40
76000	1030,40	772,80	515,20	386,40	257,60	128,80
77000	1041,60	781,20	520,80	390,60	260,40	130,20
78000	1052,80	789,60	526,40	394,80	263,20	131,60
79000	1064,—	798,—	532,—	399,—	266,—	133,—
80000	1075,20	806,40	537,60	403,20	268,80	134,40
81000	1086,40	814,80	543,20	407,40	271,60	135,80
82000	1097,60	823,20	548,80	411,60	274,40	137,20
83000	1108,80	831,60	554,40	415,80	277,20	138,60
84000	1120,—	840,—	560,—	420,—	280,—	140,—
85000	1131,20	848,40	565,60	424,20	282,80	141,40
86000	1142,40	856,80	571,20	428,40	285,60	142,80
87000	1153,60	865,20	576,80	432,60	288,40	144,20
88000	1164,80	873,60	582,40	436,80	291,20	145,60
89000	1176,—	882,—	588,—	441,—	294,—	147,—
90000	1187,20	890,40	593,60	445,20	296,80	148,40
91000	1198,40	898,80	599,20	449,40	299,60	149,80
92000	1209,60	907,20	604,80	453,60	302,40	151,20
93000	1220,80	915,60	610,40	457,80	305,20	152,60
94000	1232,—	924,—	616,—	462,—	308,—	154,—
95000	1243,20	932,40	621,60	466,20	310,80	155,40
96000	1254,40	940,80	627,20	470,40	313,60	156,80
97000	1265,60	949,20	632,80	474,60	316,40	158,20
98000	1276,80	957,60	638,40	478,80	319,20	159,60
99000	1288,—	966,—	644,—	483,—	322,—	161,—
100000	1299,20	974,40	649,60	487,20	324,80	162,40

Gebühren der Arbeitsgerichte

Arbeitsgerichte (Verfahren vor dem Landes- u. Bundesarbeitsgericht)

Wert bis einschl. DM	16/10 DM	12/10 DM	8/10 DM	6/10 DM	4/10 DM	2/10 DM
Werte von 100000 bis 1 Million: steigend für je 2000 DM um						
	19,20	14,40	9,60	7,20	4,80	2,40
oder von dem auf volle 2000 DM aufgerundeten Wert						
	0,96 % + 339,20	0,72 % + 254,40	0,48 % + 169,60	0,36 % + 169,60 %	0,24 % + 84,80	0,12 % + 42,40
Beispiel: 524 000	5369,60	4027,20	2684,80	2056	1342,40	671,20
1 Million	9939,20	7454,40	4969,60	3727,20	2484,80	1242,40
Werte über 1 Million: steigend für je 5000 DM um						
	24	18	12	9	6	3
oder von dem auf volle 5000 DM aufgerundeten Wert						
	0,48 % + 5139,20	0,36 % + 3854,40	0,24 % + 2569,60	0,18 % + 1927,20	0,12 % + 1284,80	0,06 % + 642,40
Beispiel: 1360000	11667,20	8750,40	5833,60	4375,20	2916,80	1458,40

Gebühren der Arbeits-gerichte

Gerichtsvollziehergebühren

Nach § 13 des Gesetzes über Kosten der Gerichtsvollzieher in der Fassung vom 20. August 1975 BGBl. I S. 2189

Gültig ab 1. 9. 1975

Wert bis einschl. DM	Pfändungsgebühr § 17 Schätzung § 33^1 $^{10}/_{10}$ DM	Erfolglose Pfändung, Einstellung, Übernahme beweglicher Sachen §§ 17^4, 18, 20^2 $^{5}/_{10}$ DM	Rücknahme des Auftrags, falls noch nicht an Ort und Stelle begeben, Hebe- (Leistungsgebühr) §§ 20^1, 27 $^{1}/_{4}$ DM	Hebegebühr + ½ Pfändungsgebühr §§ 20^2, 27 $^{3}/_{4}$ DM	Versteigerungsgebühr § 21 $^{25}/_{10}$ DM	Mitwirkung nach § 825 ZPO § 21^5 $^{10}/_{10}$ DM
200	5	2,50	1,30	3,80	12,50	5
400	9	4,50	2,30	6,80	22,50	9
600	12	6,—	3,—	9,—	30,—	12
1000	16	8,—	4,—	12,—	40,—	16
1500	20	10,—	5,—	15,—	50,—	20
2000	24	12,—	6,—	18,—	60,—	24
2500	28	14,—	7,—	21,—	70,—	28
3000	32	16,—	8,—	24,—	80,—	32
3500	36	18,—	9,—	27,—	90,—	36
4000	40	20,—	10,—	30,—	100,—	40
4500	44	22,—	11,—	33,—	110,—	44
5000	48	24,—	12,—	36,—	120,—	48
6000	54	27,—	13,50	40,50	135,—	50
7000	60	30,—	15,—	45,—	150,—	50
8000	66	33,—	16,50	49,50	165,—	50
9000	72	36,—	18,—	54,—	180,—	50
10000	78	39,—	19,50	58,50	195,—	50
11000	83	41,50	20,80	62,30	207,50	50
12000	88	44,—	22,—	66,—	220,—	50
13000	93	46,50	23,30	69,80	232,50	50
14000	98	49,—	24,50	73,50	245,—	50
15000	103	51,50	25,80	77,30	257,50	50
16000	108	54,—	27,—	81,—	270,—	50
17000	113	56,50	28,80	84,80	282,50	50
18000	118	59,—	29,50	88,50	295,—	50
19000	123	61,50	30,80	92,30	307,50	50
20000	128	64,—	32,—	96,—	320,—	50

Gerichtsvollziehergebühren

Wert bis einschl. DM	Pfändungsgebühr § 17 Schätzung § 33^1 10/10 DM	Erfolglose Pfändung, Einstellung, Übernahme beweglicher Sachen §§ 17^4, 18, 20^2 5/10 DM	Rücknahme des Auftrags, falls noch nicht an Ort und Stelle begeben, Hebe-(Leistungsgebühr) §§ 20^1, 27 1/4 DM	Hebegebühr + ½ Pfändungsgebühr §§ 20^2, 27 3/4 DM	Versteigerungsgebühr § 21 25/10 DM	Mitwirkung nach § 825 ZPO § 21^5 10/10 DM
21000	133	66,50	33,30	99,80	332,50	Höchst-
22000	138	69,—	34,50	103,50	345,—	gebühr
23000	143	71,50	35,80	107,30	357,50	
24000	148	74,—	37,—	111,—	370,—	= 50
25000	153	76,50	38,30	114,80	382,50	
26000	158	79,—	39,50	118,50	395,—	
27000	163	81,50	40,80	122,30	407,50	
28000	168	84,—	42,—	126,—	420,—	
29000	173	86,50	43,30	129,80	432,50	
30000	178	89,—	44,50	133,50	445,—	
31000	183	91,50	45,80	137,30	457,50	
32000	188	94,—	47,—	141,—	470,—	
33000	193	96,50	48,30	144,80	482,50	
34000	198	99,—	49,50	148,50	495,—	
35000	203	101,50	50,80	152,30	507,50	
36000	208	104,—	52,—	156,—	520,—	
37000	213	106,50	53,30	159,80	532,50	
38000	218	109,—	54,50	163,50	545,—	
39000	223	111,50	55,80	167,30	557,50	
40000	228	114,—	57,—	171,—	570,—	
41000	233	116,50	58,30	174,80	582,50	
42000	238	119,—	59,50	178,50	595,—	
43000	243	121,50	60,80	182,30*)	607,50	
44000	248	124,—	62,—	186,—*)	620,—	
45000	253	126,50	63,30	189,80*)	632,50	
46000	258	129,—	64,50	193,50*)	645,—	
47000	263	131,50	65,80	197,30*)	657,50	
48000	268	134,—	67,—	201,—*)	670,—	
49000	273	136,50	68,30	204,80*)	682,50	
50000	278	139,—	69,50	208,50*)	695,—	

*) Hinweis:
Gilt nur gem. §§ 27,20 Abs. 2, 19 GVKostG.

Bei §§ 27, 20 Abs. 2, 17. u.18 GVKostG wird bei Werten ab 43 000 DM nur neben der 1/4 Hebegebühr die Höchstgebühr von 120 DM erhoben.

darüber: von dem auf volle 1000 DM aufzurundenden Mehrbetrag für je 1000 DM

	5 DM	2,50	1,25	3,75	12,50	---
oder	0,5 %	0,25 %	0,125 %	0,375 %	1,25 %	
	+ 28	+ 14	+ 7	+ 21	+ 70	
Beispiel:						
84 000	448	224	112	336	1 120	

www.ingramcontent.com/pod-product-compliance
Lightning Source LLC
LaVergne TN
LVHW080756300926
849162LV00008BA/1828